목사님 궁금합니다 4

바른 신앙을 위한 Q&A

목사님 궁금합니다 4

발행일 2023년 8월 20일 초판 1쇄

지은이 김활
발행인 고영래
발행처 미래사CROSS

주소 서울시 마포구 토정로 195-1 정우빌딩 3층
전화 (02)773-5680
팩스 (02)773-5685
이메일 miraebooks@daum.net
등록 1995년 6월17일(제2016-000084호)

ISBN 978-89-7087-148-6 (03230)

ⓒ 김활, 2023

이 책의 저작권은 저자와 도서출판 미래사CROSS가 소유합니다.
신저작권법에 의하여 한국 내에서 보호받는 저작물이므로 무단 전재와 무단 복제를 금합니다.

* 가격은 뒤표지에 있습니다.
* 잘못 만들어진 책은 구입처에서 바꾸어 드립니다.

김 활 지음

목사님 궁금합니다 4

바른 신앙을 위한 Q & A

미래사CROSS

들어가는 말

　　　　　　　　블로그 사역을 시작한 지도 벌써 8년
이 흘렀습니다. 그동안 '목사님 궁금합니다' 시리즈로 3권을 발간했고,
이 정도면 상담 관련 서적으로는 충분하다는 생각에 이제 더 이상 책
을 출판하지 않아도 되겠다고 판단했습니다. 그런데 세상일이 제 마음
대로 되지 않았습니다. 그동안 발간한 책을 읽은 독자들이 "4권은 언제
나오느냐"고 꽤 많은 댓글로 물어와서 결국 어쩔 수 없이 책을 내는 상
황에 이르렀습니다.

　이번에도 이전 책과 마찬가지로 '신앙상담', '교회상담', '생활상담',
'성경상담'으로 구성하려다가 마음을 고쳐먹었습니다. 모든 상담이 다
중요하겠지만, 가장 많은 비중을 차지하는 것이 신앙상담임을 간과했
다는 생각이 문득 머리를 스쳤습니다. 독자들이 가장 궁금해하고 알고
싶어 하는 것이 바로 신앙 관련 내용입니다. 부부상담, 자녀상담, 교회

상담, 이단상담 등 어느 것 하나 신앙과 관련되지 않은 게 없으니까요.

신앙생활을 하면서 신앙에 문제가 없고 흔들리지 않으면 좋으련만 현실은 그렇지 못합니다. 오죽하면 성령의 은사 중에 신앙(믿음)이 있을까요?(고린도전서 12:9). 교회 안에서 가장 많이 언급하는 것이 신앙이고 또 강조하는 것이 신앙입니다. 첫째도 신앙, 둘째도 신앙입니다. 그런데도 막상 신앙과 관련된 질문이 나오면 다른 신자들에게 조언하거나 권면하기가 쉽지 않습니다. 섣불리 대답했다가는 상대의 마음에 상처를 주거나 사이가 불편해질 수 있으니까요.

그러다 보니 가까운 관계가 아니라면 날씨, 음식, 스포츠, 가족사, 여행 등 세상적인 삶과 관련된 이야기를 주로 합니다. 그나마도 기도하겠다고 하면 최고의 답변이요 상담이라고 믿습니다. 하지만 집에 돌아오면 문제는 그대로 남아 있습니다. 안락한 교회 카페에서 커피를 마시며 깔깔 웃고 돌아오면서 오늘 예배를 잘 드렸고 성도 간에 교제도 잘했다고 생각하기도 합니다. 그런데 이렇게 하는 것이 신앙생활일까요?

십자가만 땅에 꽂아도 양적으로 부흥했다는 1970년대와 1980년대에는 신앙적인 대화를 많이 했을까요? 아니요, 그렇지 않습니다. 그 당시에도 기독교의 진리인 구원과 천국 등 중요한 주제로는 대화하지 않았습니다. 삼위일체, 웨스트민스터 신앙고백, 칭의와 성화 같은 내용에 대해 밤을 새워가며 대화하거나 토론하지 않았습니다. 교회만 나오면 물질 복, 건강 복, 자녀 복을 받고 천국에 간다고 믿었습니다. 하나님과 예수만 믿으면 구원을 얻는다고 배웠습니다. 성도들은 어떻게, 무엇을 믿어야 구원을 받는지 질문도 하지 않았습니다. 그저 교회만 나오면 구원은 따놓은 당상으로 여겼습니다.

장년부는 그렇다 치고 중고등부나 대학부, 청년부는 어땠을까요? 당시 중고등학교는 지금과 달리 남녀공학이 드물었습니다. 그래서 여학생을 만날 수 있는 공적인(?) 장소가 교회였기 때문에 많은 남학생이 교회로 몰려들기도 했습니다. 현재 50~60대라면 누구나 한 번쯤 교회에 가봤을 것입니다. 교회당이 아니라 연애당이 된 것인데, 그렇다고 서로 연인으로 남는 경우는 거의 없었습니다(웃음). 껄렁껄렁한 남학생에게 새침데기 기독 여학생이 관심을 가질 리 없었으니까요.

지금도 대학부와 청년부 시절을 기억하면 남는 것이 신앙적인 대화가 아닙니다. 영어 공부(?) 한다고 NIV 성경을 해석하는 것이 고작이었습니다. 영어 성경을 한국어로 잘 번역하면 칭찬을 받았지요. 지금 생각하면 참 어리석은 성경 공부 방법이었습니다. 봄가을에는 춘천행 열차를 타고 '사치기 사치기 사뽀뽀' 놀이를 하며 웃고 즐겼습니다. 밤에는 통기타를 치며 노래를 부르고 캠프파이어를 했던 기억만 남아 있습니다. 성령의 은사를 중요시하는 교회에서는 기도원 집회에 참석하거나 통성기도를 하는 것이 전부였습니다. 어느 누구와도 깊은 신앙적 대화를 밤새 나누었던 기억은 없습니다.

40~50년이 지난 오늘날의 교회는 어떨까요? 그 당시보다는 교회에서 교육을 많이 하는 것 같지만, 아직도 많이 부족합니다. 교회는 신자들에게 예배 참석과 봉사, 전도, 헌금을 강조합니다. 그래야 물질 복, 자녀 복, 건강 복을 받고 천국에 가서 금 면류관을 쓸 수 있다고요. 아직도 교회에서 신앙적인 질문을 하면 "말씀을 읽으면 다 알 수 있다", "기도하면 하나님이 알려주신다"는 답이 돌아옵니다. 정말 그런가요? 매우 궁금합니다.

이제는 대학교 안에서 4영리를 가지고 전도하는 시대는 지나갔다고 해도 과언이 아닙니다. 전도한다고 해도 귀를 기울이는 사람이 별로 없습니다. 그러다 보니 예쁜 청년들이 지나가는 남학생에게 한번 신앙상담을 받아보라고 조르기도 합니다. 그러다가 영접 기도를 여덟 번이나 했다는 남학생을 만난 적이 있는데, 영접 기도만 하면 예수님을 알고 그리스도인이 되는 것이라고 보지 않습니다.

교회에서 성경교육과 신앙교육을 잘 시키지 않아 신앙에 목마른 신자는 유튜브 설교나 강의에 관심을 보입니다. 그러다가 이단·사이비에 넘어가는 신자들이 얼마나 많은지 모릅니다. 참으로 악한 세대가 되었습니다(에베소서 5:16). 믿음은 흔들릴 수 있지만, 넘어지지 않는 신앙이 되어야 합니다. 오뚝이 신앙이 되려면 예방백신을 접종해야 합니다. 그런 의미에서 이번 4권은 신앙상담으로만 구성했으며, 다음에서 몇 가지만 개략적으로 살펴보려 합니다.

10가구 중 3가구가 반려동물과 함께 생활하는 시대가 되었습니다. 사랑하는 반려견을 위한 축복기도를 목사에게 요청했다가 거절당했다는 신자들이 있습니다. 내가 강아지 엄마이고 강아지는 내 딸인데, 왜 목사님이 축복기도를 할 수 없느냐는 상담입니다. 이럴 때 목사는 참 당황스럽기도 하도 황당하기도 합니다. 성경은 이럴 때 뭐라고 대답할까요? 함께 생각하는 시간을 가져봅니다.

교회에서는 보통 암에 걸린 이유가 죄가 많기 때문이라고 합니다. 아직도 고난은 죄요 하나님이 주신 벌이라거나 믿음이 없어서라고 믿는 신자들이 많습니다. 하나님이 주신 징계라고 믿는 신자들도 있고요. 그런데 어떤 목사님들은 주님 앞에 한 점 부끄러운 것이 없어도 대장암이나 폐암에 걸려 시한부 선고를 받기도 합니다. 예수님과 함께 있어도 풍랑이 몰아칩니다. 바울이 항해하던 배도 파선했고, 시편 23편의 기자는 사망의 음침한 골짜기로 걸어갔습니다. 왜 그럴까요?

담임목사님이 예전에 십일조를 드리지 못했거나 온전히 드리지 못한 십일조가 있는 신자는 다시 계산해서 하나님께 바치라고 합니다. 하나님의 것을 도둑질했다고 하니 마음이 몹시 괴롭습니다. 하나님이 헌금을 억지로 바치라고 말씀하신 적이 있을까요? 기쁨과 감사로 즐겁게 십일조헌금을 드리는 것은 문제가 되지 않지만, 과연 억지로 드리는 것이 옳을까요? 그것도 성경에 명확히 나오지 않는 것을 가지고요. 매우 궁금합니다.

성경을 보면 사울 왕도 무당을 시켜 사무엘의 영을 올려보내 대화했다면서 신점, 타로, 사주팔자를 보는 신자들이 있습니다. 최근 조사에 따르면 기독교인 중 23%가 점을 치거나 관상이나 사주팔자를 본다고 합니다. 기도원장이나 용하다는 목사를 찾아가서 예언 기도를 받기도 합니다. 가정 문제, 취업 문제, 건강 문제 등 미래가 불투명할 때 어떡하면 되나요? 한국교회에 심각한 문제가 되고 있습니다.

성도들이 눈을 빼서 바울 사도에게 줄 수 있겠다는 성경 본문을 들어 담임목사님이 성도들에게 자기를 위해 눈을 하나 빼서 바칠 수 있느냐고 묻는 경우가 있습니다. 이런 방식은 아니지만 목사에 대한 충성을 강요하는 설교를 하는 교회는 흔합니다. 하지만 성경에는 어떤 신자들이 바울에게 눈을 주었다는 기록이 없습니다. 설사 눈을 주었다고 해도 당시에는 이식수술을 성공시킬 의료기술도 없었습니다. 그렇다면 이 본문을 어떻게 해석하면 좋을까요?

원고를 검토하다 보니 부족한 부분이 눈에 띕니다. 그럼에도 이 책이 나올 수 있게 허락해주신 하나님께 먼저 영광을 돌리고 감사드립니다. 또 저를 위해 기도하고 있는 얼굴도 모르는 독자들이 있다는 것을 잘 압니다. 그분들께도 감사드립니다.

이 책이 나오기까지 재정적으로 협력해주신 분들이 있습니다. 책을 발간하지 못하는 것을 알고 큰 도움을 주신 한계엽 목사님과 김현옥 집사님께 감사드립니다. 두 분의 도움이 없었다면 이 책은 세상 빛을 보지 못했을 것입니다. 요즘 출판계가 많이 어렵고, 특히 기독교 서적은 잘 팔리지 않습니다. 그럼에도 출판에 협력해주신 미래사CROSS 대표 고영래 집사님께 감사드립니다. 아울러 제가 도움을 요청할 때 아낌없는 공감과 코멘트로 격려하고 위로해주신 하늘빛교회 이춘호 목사님과 석천교회 한상기 목사님께도 심심한 감사를 드립니다.

늘 제 곁에서 조언을 아끼지 않고 용기를 주는 사랑하는 아내 오금옥 권사에게도 감사를 전합니다. 그리고 진정으로 감사한 것은 늘 모자라고 형편없는 목사를 위해 눈물로 기도해주는 하늘정거장교회 식구들입니다. 그분들과 함께 출간의 기쁨을 나누고 싶습니다.

2023년 8월

서울 정릉골에서 김활 목사

차례

들어가는 말   5

❶ 가나안 신자로서 교회도 가지 않고 회개도 하지 않아요   16

❷ 개나 고양이를 위한 예배나 축복기도가 가능한가요?   20

❸ 거짓 선지자와 제사장은 언제나 있다   26

❹ 고난이 죄 때문이거나 믿음이 없어서인가요?   31

❺ 과거에 드리지 못한 십일조도 드려야 하나요?   36

❻ 교인은 목사 따라가고 교회 따라가야 천국 가나요?   40

❼ 교회에 다녀도 무신론자가 될 수 있나요?   45

❽ 구멍 뚫린 헌금 봉투를 교회에서 왜 사용하나요?   48

❾ 구원의 확신이 부족해서 지옥에 갈 것 같아요   52

❿ 그리스도인이 신점, 타로, 사주팔자를 보고 예언 기도를 받아도 되나요?   56

⓫ 눈이라도 빼서 목사에게 바치라는 설교가 올바른가요?   61

⓬ 마귀와 직통계시에 집중하는 목사가 올바른가요?   66

❸ 말기암인데 십일조도 조금 하고 구원의 확신이 없어 괴로워요　　69

❹ 말씀과 기도를 매일 한 시간씩 하라는 엄마 때문에 힘들어요　　73

❺ 목사가 되려면 무엇을 어떻게 준비해야 하나요?　　78

❻ 목사님이 죄와 심판을 강조하는 설교를 해서 힘들어요　　85

❼ 무기명으로 십일조헌금을 해도 되나요?　　89

❽ 무신론자이지만 혼자 예배할 수 있나요?　　93

❾ 믿음생활에 회의가 들어요　　98

❿ 믿음이 뭐예요?　　103

㉑ 믿음이 흔들리는데 어떡하나요?　　107

㉒ 부끄러운 구원과 상급이 있나요?　　111

㉓ 사순절을 지켜야 하나요?　　116

㉔ 성경을 읽을수록 하나님을 불신하게 돼요　　121

㉕ 악인들이 당장 심판받지 않는 이유는 뭔가요?　　128

㉖ 영성 훈련을 통해 성령 은사를 받을 수 있나요? 132

㉗ 예수 재림의 징조와 거짓 사역자를 어떻게 판별하나요? 137

㉘ 예수님의 육체적 부활이 왜 중요한가요? 142

㉙ 예지몽과 예언 같은 은사를 어떻게 평가해야 하나요? 146

㉚ 왕초보 신자가 성숙한 신자가 되는 비결이 있나요? 150

㉛ 은혜가 뭐예요? 156

㉜ 이기적이고 세상적인 방법으로 살아가는 신자들 때문에 괴로워요 161

㉝ 이단 목사에게 받은 세례는 무효인가요? 166

㉞ 일반 신자도 신학을 해야 하나요? 169

㉟ 인간에게 자유의지가 정말 없나요? 174

㊱ 정치 설교를 하는 목사님 때문에 가정과 교회가 깨져요 180

㊲ 종교는 불확실한 미래와 공포를 이용하는 건가요? 185

㊳ 죽음만 생각하면 두려워요 190

차례

❸❾ 찬양할 때 느끼는 감정도 성령님이 주신 감동일까요? 195

❹⓿ 천국과 지옥 간증을 믿어도 되나요? 199

❹❶ 천국에는 기쁨만 있다는데 이해가 되지 않아요 205

❹❷ 천주교로 개종하려고 합니다 209

❹❸ 친구가 저의 간증으로 상처를 받았어요 212

❹❹ 통성기도나 큰 소리로 하는 기도에 반감이 생겨요 216

❹❺ 하나님은 그리스도인이 부자가 되기를 원하시나요? 220

❹❻ 하나님을 사랑하느냐는 물음에 대답하기가 어려워요 225

❹❼ 항상 성령 충만하지 않아 고민이에요 230

❹❽ 휴거 때문에 불안해요 237

01

가나안 신자로서 교회도 가지 않고 회개도 하지 않아요

Q 가나안 신자입니다. 교회에 가서 회개해도 또 죄를 지을 것을 알기에 교회도 가지 않고 회개도 하지 않습니다. 그 대신 블로그나 유튜브를 검색하면서 좋은 설교를 듣고 글 읽기를 좋아합니다. 혹시 주의해야 할 것이 있으면 알려주세요.

A 교회를 나가지는 않지만 기독교에 관심이 많거나 아니면 실족한 분으로 보입니다. 진솔하고 정직한 분 같습니다. 앞으로 하나님을 믿는 신앙이 올바르게 성장할 가능성이 보입니다. 세 가지만 조언을 드리고 싶습니다.

첫째, 블로그나 유튜브를 여기저기 살펴보는 것은 주의해야 할 일입니다.

블로그나 유튜브 같은 것은 어떤 기준이 없으면 신앙에 혼란을 줄 가능성이 많습니다. 예를 듭니다. 형제님은 블로그 이웃 가운데 '성령 충만'을 자주 추천하고 링크를 겁니다. 그런 블로그 글을 들여다보니 신비주의자나 신사도운동가들이 많습니다. 신학적으로 건강하지 못한 목사들도 보이고, 이단으로 분류되는 교회도 있어서 매우 놀랐습니다. 이렇게 가다가는 신앙이 어떻게 변질될지 알 수 없습니다. 다시는 돌아오지 못하는 강을 건널 수도 있습니다.

그리스도인이라면 누구나 인정하는 훌륭한 목사님의 글을 읽거나 설교를 듣는 것은 좋습니다. 정규 신학교 교수님(특히 보수신학)이 하는 강의나 설교도 괜찮습니다. 그런 분들의 설교나 강의를 집중적으로 들으시길 바랍니다. 그분들의 설교를 매일 반복해서 1년간 들으면 어느 정도 좋은 설교와 나쁜 설교를 구분할 능력이 생길 것입니다. 그때 가서 지금 형제님이 듣는 설교자의 설교와 비교해보십시오. 아마 듣기 어려울 것입니다. 다른 사람들이 좋다고 추천하는 설교(알고리즘 포함)나 내 귀에 즐겁게 들리고 입맛에 맞는 설교는 듣지 마십시오.

둘째, 회개하지 않는 것은 피해야 합니다.

우리는 모두 죄인입니다. 저도 죄인이며, 대한민국에서 가장 큰 죄인일지도 모릅니다. 저는 은퇴하기 전에는 사회활동을 하지 않으면 죄를 짓지 않는 줄 알았습니다. 은퇴 후 집안에서만 생활해보니 외부에서 활동할 때보다는 죄를 훨씬 덜 짓는 것이 사실입니다. 하지만 마음속으로 죄를 짓습니다. 누군가를 미워하고 시샘하고 욕심을 부리기도 하니까요.

죄를 짓지 않는 사람은 오직 한 분, 예수 그리스도입니다. 그분 외에는 모두 죄를 짓습니다. 모든 신자는 죽을 때까지 죄를 범합니다. 내가 아는 죄도 있지만 스스로 죄로 인식하지 못하는 죄도 적지 않고, 기억하지 못하는 죄도 있습니다. 원죄는 고사하고 죄를 회개하지 않고 살다가 죽으면 어떻게 될까요(시편 7:12 / 마태복음 4:17 / 고린도후서 7:10 / 요한계시록 9:20 등)? 회개가 구원을 얻기 위한 행위는 아니지만 구원에 이르게 하는 회개는 행위로 나타납니다(마태복음 3:8 / 고린도후서 5:17 / 갈라디아서 5:19~23 등).

회개를 하지 않는다는 것은 내 얼굴과 몸에 더러운 오물과 때가 묻은 채 살아가는 것과 별로 다르지 않습니다. 가장 나쁜 것은 회개하지 않아 죄에 대한 강렬한 인식능력이 없어져가는 겁니다. 어쩌면 죄를 마구 지을지도 모릅니다. 어차피 버린 몸, 또 죄를 지을 텐데 왜 회개를 하느냐고요. 그런 발상은 "한 번 구원은 영원한 구원"이라고 주장하면서 회개를 강조하지 않는 구○○ 이단과 별 차이가 없는 위험한 발상입니다.

하나님은 인간이 죄를 지으면 회개하고 용서받으라고 수없이 말씀하십니다. 성경을 보면 이스라엘 백성이나 주인공들은 범죄하고, 회개하고, 용서받고 생활하다가 다시 반복합니다. 어쩌면 성경 66권 자체가 모두 죄를 범하고, 용서받고, 다시 죄를 범하고, 용서받는 사람들만 있다고 봐도 과언이 아닙니다.

만약 형제님이 죄를 짓지 않으려면 예수님이 되어야 합니다. 위대한 사도 바울이나 베드로도 죄를 지었습니다. 그들도 죽을 때까지 죄를 지었을 것이고 회개해 용서를 받았을 것입니다.

우리는 모두 죄인으로서 예수님을 믿어 하나님의 자녀로서 구원을 받아야 합니다(신학적으로 이신칭의以信稱義). 그러고는 매일 죄를 범합니다. 그때마다 회개하며 용서를 받고 살아갑니다. 내일도 죄를 짓지만 회개합니다. 이런 것이 10년, 아니 20년, 죽기 바로 직전까지 이어집니다(성화聖化). 죽어서야 죄를 범하지 않는 상태가 됩니다(영화榮化).

셋째, 가까운 정통교회로 출석하십시오.

가나안 신자로서 혼자 신앙생활을 하면 사탄·마귀가 가만히 놔두지 않습니다. 공격 목표 제1순위로서 사탄의 밥이 되기 쉽습니다. 신앙이 왜곡되거나 변질되기 쉬우며, 고난과 곤경에 처할 때 도움을 받기도 매우 어렵습니다. 올바른 신앙을 가지고 정통교회에서 기쁨과 감사로 신앙생활 하기를 소망하고 기도합니다.

02
개나 고양이를 위한 예배나 축복기도가 가능한가요?

Q 교회 목사님에게 사랑하는 반려견을 위한 축복기도를 요청했다가 거절당했습니다. 그럼 동물을 위한 예배나 안수도 불가능하다는 건가요?

A 복음이 조선에 들어와 초창기에 최권능 목사님이 전도하기 위해 죽은 송아지를 안고 며칠간 기도해서 살려낸 일이 있습니다. 이 소식을 들은 마을 사람들이 모두 예수님을 구주로 영접했다는 전설 같은 이야기입니다. 요즘도 죽어가는 송아지에게 기도해달라는 신자의 요청을 거부하지 못해 기도했다는 농촌 교회 목사님들의 하소연을 가끔 듣습니다.

동물을 위한 축복기도나 장례예배를 요청하는 신자들이 간혹 있습니다. 예배나 기도는 하나님께 하는 것이지 동물에게 하는 것이 아니라고 알려주면 대개 표정이 일그러지거나 실망하는 기색을 보입니다.

예배는 하나님을 위해 인간이 보여주는 가장 거룩한 행위입니다. 가장 가치 있는 행위이므로 영어로 워십worship이라고 합니다. worship

은 'worth + ship'의 합성어로 가장 가치 있는 것을 하나님께 바치거나 드리는 것입니다. 동물은 하나님께 예배할 수 있는 지정의가 없습니다. 찬양으로 화답할 수도 없고, 예물을 드려 감사를 표시할 수도 없습니다. 동물은 하나님과 대화할 수도 교제할 수도 없습니다. 따라서 동물을 위한 예배는 이루어질 수 없습니다.

예배禮拜의 한자는 '예배 禮'와 '절 배拜'를 씁니다. 극도의 예를 갖추어 하나님께 절하라는 뜻입니다. 예배를 뜻하는 헬라어 '프로스키네오'는 앞으로 나아가서(프로스) 상관의 발에 키스(키네오)하는 장엄하고 순종적인 자세를 뜻합니다. 하지만 동물은 그럴 수 없습니다. 게다가 동물이 예배 중에 소리 내어 짖거나 이상한 행동을 하면 예배 분위기와 질서가 깨집니다. 동물은 영과 진리로 예배할 수 없습니다. 동물은 혼魂은 혹시 있을지 몰라도 하나님과 대화할 영靈이 없습니다(전도서 3:21). 특히 성령님이 거주할 몸인 성전이 사람에게는 있지만 동물에게는 없습니다(고린도전서 3:16).

그렇다면 동물의 건강과 행복을 위한 기도는 가능할까요? 기도는 하나님께 하는 것입니다. 동물에게 복을 내려달라고 하는 강복기도는 신학적으로는 불가능합니다. 기도는 본질적으로 하나님께 하기 때문입니다. 하나님께 강복을 비는 기도를 사람에게 할 수는 있습니다. 축복기도는 사람이 사람에게 하는 것입니다. 만에 하나 복을 받은 대상이 동물이라 해도 동물은 하나님께 감사 응대나 찬양을 할 수 없습니다.

구약에서는 죄를 없애기 위해 하나님이 제사를 요구하셨고, 신약에는 제사 대신 영과 진리로 드리는 예배를 명령하셨습니다(요한복음 4:24). 하나님은 노아 홍수 이후로 소나 양 같은 동물을 식용으로 사용하도록 허락하셨습니다(창세기 9:3). 그런 동물의 죽음과 대속으로 인간의 죄를 용서받거나 하나님을 경배할 수 있습니다. 출애굽 이후 번제, 화목제, 속건제나 속죄제가 등장합니다. 하나님은 소나 양 같은 동물을 사람이 먹거나 희생 제물로 하나님께 바칠 수 있다고 하셨습니다. 그러나 하나님은 동물을 굶기거나 때리는 학대 행위를 하라고 말씀하시지 않았습니다.

동물을 대하는 하나님의 마음을 엿볼 수 있는 성경 본문을 소개합니다.

(1) 하나님은 모든 가축(동물)이 땅에서 충만하고 번성하라고 명령하셨습니다(창세기 1:22, 8:17 등).

(2) 하나님은 염소 새끼를 어미의 젖으로 삶지 말라고 하셨습니다 (출애굽기 23:19, 34:26 / 신명기 14:21).

(3) 소나 양을 그 새끼와 함께 같은 날에 잡아서는 안 된다고 하십니다(레위기 22:28).

(4) 어미 새는 반드시 놓아주고 새끼는 가져가도 되며, 그리하면 복을 누리고 장수하리라고 말씀하십니다(신명기 22:7).

(5) 하나님은 인간의 죄로 멸망할 수도 있는 니느웨 성에 있는 수많은 가축도 불쌍히 여기셨습니다(요나 4:11).

이러한 성경 본문에서 동물을 향한 하나님의 사랑과 긍휼을 알 수 있습니다. 그러므로 그리스도인은 동물을 고의적으로 굶기거나, 때리거나, 다치게 내버려두거나, 심지어 버리는 행위를 해서는 안 됩니다.

개나 고양이 같은 동물을 사랑하고 아끼면서 함께 살아가는 것은 좋습니다. 그러나 정도가 지나치면 좋지 않습니다. 동물을 하나님보다 더 사랑하고, 하나님의 형상을 따라 창조된 인간과 같은 위치에 놓는 것 같은 경우입니다.

일부이긴 하지만 동물을 돌봐야 해서 예배를 드리지 못하거나 교회당에 나오지 않는 신자들이 있습니다. 동물이 우상이 되는 것입니다. 가난하고 외롭고 고독하게 살아가는 이웃은 본체만체하고 동물에게 많은 관심과 배려를 베푸는 것은 이웃을 사랑하지 않는 행위입니다. 그런 신자들은 하나님을 사랑한다고 말하기 어렵습니다. 그리스도인이라고 평가하기 어렵습니다.

동물을 위한 예배를 주장하는 사람들이 흔히 들고 나오는 성경 본문이 있습니다.

첫째, 창세기 1장 28절 말씀, "바다의 물고기와 하늘의 새와 땅에 움직이는 모든 생물을 다스리라 하시니라"입니다.

여기서 "생물을 잘 다스리라"는 것을 보고 동물과 함께 예배를 한다고 주장합니다만, 이는 단순한 상상력에 불과합니다. 이 구절을 가지고 인간이 자연을 점령하고 마음대로 파괴하는 것으로 받아들이지 않아야 합니다. 이 구절은 흔히 문화명령으로 동식물을 포함한 자연을 모두 잘 가꾸고 유지하는 것입니다. 더 나아가 문화명령은 정치, 경제, 문화, 사회, 교육 등 모든 세상적인 일을 하나님 나라의 의와 평강과 희락으로 만들어가는 것을 말합니다. 그렇다고 해서 동물과 함께 예배를 드리거나 동물을 위한 예배를 드리는 본문으로 해석하는 것은 잘못입니다.

둘째, 모든 동물이 1년 동안 노아 및 그 가족과 함께 생활했다고 합니다(창세기 6~7장).

방주 안에서 노아와 동물들이 함께 예배했다는 주장입니다. 이것은 성경을 심각하게 왜곡하는 해석입니다. 성경에는 방주 안에서 사람과 동물들이 함께 기도하고 예배했다는 어떤 암시도 없습니다. 도리어 방주 밖으로 나온 뒤 그 이전까지는 채식을 했지만 육식도 허용하셨습니다(창세기 9:3). 노아는 방주에서 나오자마자 정결한 짐승과 새 중에서 제물을 취해 번제를 드렸습니다(창세기 8:20). 동물을 죽여서 제사를 드린 것입니다.

성경 어디에도 동물을 위한 제사(이를테면 위령제나 추모제)나 동물과 함께 제사, 예배를 했다는 기록은 없습니다. 심지어 교회 역사 2천 년에도 없습니다. 21세기에 들어와서 성공회와 일부 진보적인 교회에서 동물을 위한 예배를 하고 있지만, 이는 수용할 수 없습니다.

목사는 동물을 위한 안수는 물론 축복기도나 장례기도, 추모기도를 할 수 없습니다. 또 동물의 생일, 축하, 죽음을 위한 기도나 예배를 인도 및 집전할 수 없습니다. 잃어버린 동물과 함께하면서 웃고 울었던 기억이 나면 얼마나 슬프고 괴로울지 잘 압니다. 따라서 목회적 측면에서 신자의 아픈 마음을 위로하고 함께 아파하고 슬퍼하는 기도는 할 수 있을 것입니다. 목사가 신자에게 동물을 건강하게 잘 키우고 번성하게 하는 능력과 건강을 주시고 경제력을 달라고 기도할 수는 있다고 봅니다.

③
거짓 선지자와 제사장은 언제나 있다

Q 목사가 선지자나 제사장이라고 주장하는 신자들이 있습니다. 목사가 하는 말을 하나님이 하는 말씀으로 이해하거나 맹종합니다. 주로 대형 교회에서 이런 경향이 드러나는데, 어떻게 평가해야 할까요?

A 한국교회에는 목사를 구약의 선지자나 제사장이라고 믿는 신자들이 아직도 있습니다. 그들은 하나님의 말씀에 순종하고 이를 준수하기보다는 목사가 하는 말을 더 신뢰하고 순종합니다. 목사가 하는 설교가 비성경적이고 잘못돼도 좋게 평가하거나 옳다고 인정합니다.

거짓 목사들이 성도를 종(노예)으로 삼거나 등쳐먹거나 빼앗거나 스스로 높이거나 뺨을 때려도 용납합니다(고린도후서 11:20). 사탄도 광명의 천사와 의의 일꾼으로 가장하는 것을 모르기 때문입니다(고린도후서 11:12~15).

구약의 신명기를 보면 선지자나 꿈을 꾸는 사람이 이적과 기사를 보여도 하나님은 그런 말을 듣지도 말라고 하시며, 심지어는 그들을 죽이라고 명령하십니다(신명기 13:5, 18:20, 18:22 등). 서울의 대형 교회인 M교회에서 어린이와 성인에게 부활절 기념으로 5천 원 문화상품권과 관엽식물 화분과 쿠키를 돌렸다고 합니다. 1인당 1만 원의 비용이 소요되어도 5천 명이면 5천만 원, 1만 명이면 1억 원이 교회 재정에서 지출됩니다. 교회에서 어떻게 이런 일이 일어날까요?

대부분의 교회에서는 부활절에 부활절 계란이나 떡을 나누어줍니다. 정부에서 코로나 재난금을 지원하니 교회에서도 배운 게 아닐까요? 부자 동네에서 고작(?) 그런 것을 받으려고 얼마나 많은 신자가 몰려왔을지도 의문입니다.

적지 않은 목사들이 구약의 선지자와 제사장을 부러워합니다. 구약성경 39권 가운데 선지서가 17권입니다. 흥미롭게도 선지자가 거짓 예언을 하거나 거짓말을 한다는 구절이 대선지서(이사야·예레미야·예레미야애가·에스겔·다니엘)에 15구절이 나옵니다(이사야 9:18, 30:19 / 예레미야 5:31, 6:13, 8:10, 14:14, 23:25, 23:26, 27:14, 27:15, 27:16, 28:15 / 예레미야애가 2:14 / 에스겔 13:9, 22:28). 참담하고 가슴이 아픕니다.

> 내 이름으로 거짓되게 예언하는 예언자(목사)들이 말하는 것을 내(하나님)가 들었다. "내가 꿈을 꾸었다! 내가 꿈을 꾸었다!"라고 그(목사)들이 말한다.
>
> _ 예레미야 23:25(우리말성경)

그의 예언자들은 허황된 계시를 보고 그들(신자들)에게 거짓된 점을
쳐준다. 여호와께서 말씀하시지도 않았는데 "주 여호와께서 이렇게
말씀하셨다"라고 말하면서 그들(신자들) 위에 회칠을 했다.

_ 에스겔 22:28(우리말성경)

그렇다면 제사장은 어땠을까요?
선지자와 똑같습니다. 얼마나 타락했으면 선지자와 제사장이 동시
에 거짓을 행한다고 하나님이 책망하실까요? 제사장과 선지자들이
술을 먹고 비틀거리며 재판할 때 하나님은 일곱 번이나 잘못한다고
책망하십니다(이사야 28:7 / 예레미야 2:8, 5:31, 6:13, 8:10, 23:11, 27:16)

예언자(목사)들이 거짓 예언을 하고 제사장(목사)들이 자기 자신의 권
위로 다스리고 내 백성은 그것을 좋아한다. 그러나 마지막 때에 너
희가 어떻게 하려느냐?

_ 예레미야 5:31(우리말성경)

이것은 그의 예언자(목사)들의 죄와 그의 제사장(목사)들의 죄악 때문
이었다. 그(목사)들이 예루살렘 한복판에서 의인들의 피를 흘렸기 때
문이다.

_ 예레미야애가 4:13(우리말성경)

신약에서도 가짜 선지자가 10군데 나옵니다(마태복음 7:15, 24:11, 24:24 / 베드로후서 2:1 / 요한일서 4:1 등). 거짓 선지자들이 양의 옷을 입고 나타나 표적과 기사를 보여주며 성도들을 미혹한다고요. 참으로 큰 일입니다. 주변을 살펴보면 너무나 많은 거짓 선지자들이 유튜브와 TV 방송에서 난리를 칩니다. 얼굴도 그럴싸하게 생기고 목소리도 좋고 말도 잘해서 속아 넘어가기 쉽습니다. 성경도 적절히 짜깁기하고 짝 풀이를 하므로 분별하기가 매우 어렵습니다. 거짓 선지자들에게 속는 것입니다.

엊그제 기가 막히고 속이 터지는 메일을 한 통 받았습니다. 신입 서리집사를 환영하는 자리에 서울의 대형 교회인 Y교회 목사가 나타나서 교회의 전통이니 1인당 50만 원을 바치라고 했다는 것입니다. 신입 서리집사만 해도 1천 명이 넘으니 그 말대로 하면 최소 5억 원이 교회에 들어오게 됩니다.

게다가 매달 십일조헌금과 감사헌금과 주정헌금을 해온 집사에게 작년에 부활절 헌금과 추수감사절 헌금을 하지 않았으니 제직으로 임명할 수 없다는 연락이 왔다고 합니다. 지금이라도 밀린 절기 헌금을 납부하면 계속 집사가 된다면서요. 돈으로 사제 신분을 샀던 중세 가톨릭교회의 모습이 떠오르고, 돈을 내면 영혼이 연옥에서 천국으로 들어간다는 면죄부도 생각이 납니다.

이런 가짜 목사들이 시무하는 교회에 몇 만 명씩 모이는 이유는 무엇일까요? 이런 교회나 목사도 하나님이 사용하신다고 주장하는 신자들이 많습니다. 큰 교회는 하나님이 크게 사용하신다고 합니다. 그렇다면 20만 명이 넘게 모이는 신○○도 하나님이 크게 사용하시는 것인가요? 모르몬교도 전 세계에 1천500만 명의 교인이 있는데, 하나님이 어떻게 사용하시나요? 이 질문에 답변할 수 있어야 합니다.

04

고난이 죄 때문이거나 믿음이 없어서인가요?

Q 제가 지금 겪는 고난과 아픔이 죄 때문인가요? 아니면 믿음이 없어서인가요? 교회에서는 제가 암에 걸린 이유가 죄가 많기 때문이라고 합니다. 무척 괴롭습니다.

A 아, 그러셨군요. 저도 얼마 전 그런 이야기를 들은 기억이 납니다. "김활 목사님의 몸에 질병이 많은 것은 죄를 많이 지었기 때문입니다. 회개하셔야 합니다"라 했다더군요. 고치기 어려운 암 같은 질병을 앓는 신자들이 이런 말을 들으면 자신의 신앙생활과 믿음에 의문과 회의를 품었을 것입니다. 저도 그저 '허허' 웃으며 지나갔지만 마음이 편치는 않았습니다. 아직도 고난은 죄요 하나님이 주신 벌이거나 믿음이 없어서라고 믿는 신자들이 있다는 사실에 마음이 무거웠습니다.

그리스도인이 고난을 만날까요? "예, 그렇습니다." 이렇게 대답할 수밖에 없습니다. 여기서 말하는 고난은 어떤 형태일까요? 기독교 신앙을 지키려고 당하는 고난일까요? 아니면 일상생활에서 만나는 고난일까요? 전자의 경우는 거의 없습니다. 공산주의나 무슬림 사회에서 기독교 신앙을 지키려고 고난과 고초를 당하는 경우는 간혹 있습니다. 하지만 종교의 자유를 인정하는 대한민국 사회에서 믿음을 지키려고 고난을 감내하는 경우는 없습니다.

흥미로운 것은 참그리스도인의 경우 이런 신앙의 고난과 고초를 당하면 대개 신앙이 더 단단해지고 담대해집니다. 심지어는 주님을 위해 핍박을 받는다고 하면서 믿음이 더 강해지고 담대해질 수도 있습니다. 물론 신앙적인 고난을 만나면 심적으로 다소 어려울 수는 있지만 신앙적으로 혼란을 겪지는 않습니다.

그런데 일상생활 속에서 고난을 만날 때는 사뭇 다릅니다. 혼란이 찾아오고 의심이 들기도 합니다. 심하면 교회를 떠나기도 하고, 믿음생활을 중지하는 경우도 있습니다. 믿음생활을 열심히 잘하던 신자, 교회에서 믿음이 좋다고 칭찬이 자자하던 신자가 질병이나 사고를 당하면 당황하는 경우가 적지 않습니다. 어떤 목사는 매우 심각한 병에 걸리면 살짝 강도를 낮춰 말하거나 심지어 숨기는 경우도 있습니다. 목사가 그런 병에 걸렸다고 하면 교회를 떠나는 신자들이 있기 때문입니다.

고난은 하나님이 주신 징계라고 믿는 신자들이 의외로 많습니다. 예를 듭니다. 10년 전, 제 큰아들이 A형 간염으로 입원했을 때의 일입니다. 교회에서 믿음이 좋다고 소문이 자자한 집사님이 문병을 와서는 아들에게 이런 병에 걸린 이유는 '죄' 때문이라고 했습니다. 그 말을 들은 아들은 그런 것 같다며 자신의 죄를 회개했다고 합니다.

신앙의 상태에 따라 고난이 온다고 믿는 것은 인과응보因果應報 사상입니다. 선인과 의인이 복을 받고 악인과 죄인은 저주를 받는다는 개념입니다. 이것은 기독교에도 있지만 다른 종교에서도 발견되는 일반적 현상입니다. 성경은 인과응보가 있지만 반대되는 경우도 있다는 것을 부인하지 않습니다. 응보가 들어맞지 않는 경우는 욥기, 전도서, 하박국, 시편 73편에서 발견할 수 있습니다. 의인과 선인도 병에 걸리고 가난하게 되거나 집안이 망할 수 있는 반면, 악인과 죄인은 병도 걸리지 않고 잘 먹고 잘살 수 있다는 것을 보여줍니다. 그러므로 몹쓸 병에 걸리거나 사고를 당해도 하나님의 징계나 죄의 결과라고 하지 않아야 합니다.

살아가면서 고치기 어려운 질병, 갑자기 다가오는 각종 재해나 사고, 경제적 어려움, 가정불화 같은 일을 겪지 않는 신자는 하나도 없습니다. 아침에 일터로 나갔던 사람이 저녁에 귀가하지 못하고 장례식장에서 만나는 경우도 있습니다. 밤에 멀쩡히 함께 잠들었던 사람이 아침에 싸늘한 시신으로 발견되기도 합니다. 이런 것도 모두 죗값으로 돌리는 것은 비성경적입니다. 참으로 신실하게 믿음생활을 하는데 물질적 빈곤에서 벗어나지 못하는 신자도 있습니다. 주님 앞에 한 점 부끄러움 없는 목회자가 대장암이나 폐암에 걸려 시한부 선고를 받기도 합니다. 또 부모는 훌륭한 믿음의 사람이지만 자녀는 불신앙으로 가는 경우도 있습니다.

고난은 신자와 불신자를 가리지 않고 찾아옵니다. 신자라고 해서 고난이 피해 가거나 도망가지 않습니다. 성경에 나오는 인물 가운데 고난을 당하지 않은 사람은 없다고 말해도 될 것 같습니다. 아브라함, 이삭, 야곱, 모세, 다윗, 히스기야, 세례 요한, 바울, 베드로, 사도 요한도 고난을 당했습니다. 예수님의 고난은 이루 다 말할 수 없을 정도입니다. 사도 바울은 경제적인 궁핍을 경험했고 살 소망이 없을 정도로 많은 고통을 당했습니다(빌립보서 4:12). 그의 곁에 의사인 누가가 항상 따라다닐 만큼 심한 질병인 간질(또는 안질)을 앓고 있었으니까요.

예수님과 함께 있어도 풍랑이 몰아칩니다. 항해하던 배가 파선을 당하기도 합니다. 사망의 음침한 골짜기를 걸어가기도 합니다. 이들 모두가 믿음이 없거나 작아서 고난당한 것이 아니라는 점을 기억해야 합니다.

세상적인 부와 명예와 건강을 누린 신자가 좋은 믿음을 가졌다고 말할 수는 없습니다. 반대로 가난하고 비천해 자식들도 배우지 못하고 3D 직종에서 일한다고 해서 나쁜 믿음을 가졌다고 평가해서는 안 됩니다. 믿음이 좋다고 병에 걸리지 않고 믿음이 나쁘다고 병에 걸리는 것은 아닙니다. 믿음이 크다고 해서 교통사고나 재해가 피해 가고 믿음이 작다고 해서 사고가 찾아오는 것도 아닙니다.

도리어 불신자가 이 세상에서는 더 잘살고 잘됩니다. 더 많이 가지고 장수하며 떵떵거리면서 잘산다는 의미입니다. 그런 것을 보고 믿음이 흔들린다면 기독교를 처음부터 다시 배워야 합니다. 세상에서는 악인과 죄인이 더 잘 먹고 잘살 수 있습니다. 아니, 대개는 더 잘사는 것을 봅니다. 간혹 법의 심판을 받는 것을 보지만, 그런 심판은 일시적일 뿐 하나님의 영원한 심판은 아닙니다.

소수의 부흥강사와 목회자들이 신앙생활, 특히 헌금 생활을 제대로 하지 않으면 사고나 질병을 치르거나 물질적인 복이 없다고 말하는 것을 흔히 봅니다. 그럴 때마다 "너나 잘하세요~" 하고 싶습니다. 그런 신앙은 무속신앙과 별다름이 없습니다. 비싼 굿을 하면 복을 더 받고, 비싼 부적을 사면 질병이나 사고를 당하지 않는다니까요.

믿음이 크나 작으나 고난은 찾아옵니다. 일상생활 가운데 고난을 피할 신자는 아무도 없습니다.

05

과거에 드리지 못한 십일조도 드려야 하나요?

Q 예전에 십일조를 드리지 못했거나 온전하게 드리지 못한 십일조가 있는 신자는 다시 계산해서 하나님께 바치라고 합니다. 하나님의 것을 도둑질했다고 하니 마음이 괴롭습니다. 또 소득의 십일조 외에 다른 십일조가 있는지도 알고 싶습니다.

A 십일조를 포함한 모든 헌금의 원칙은 하나님께 기쁨과 감사로 드리는 것입니다(출애굽기 25:2 / 역대상 29:6, 29:9 / 시편 50:12~14). 모든 것이 하나님의 것임을 고백하는 믿음이 십일조 신앙입니다(역대상 29:16 / 시편 24:1 등). 나에게 주어진 지나간 삶을 회상하며 하나님의 은혜를 기억하고, 미처 바치지 못한 십일조헌금을 감사와 기쁨의 표시로 바치는 행위는 매우 아름답다고 말할 수 있습니다. 한마디로 매우 귀한 행위입니다.

그런데 주의할 것도 있습니다. 지나간 십일조를 내지 않으면 하나님의 것을 도둑질하는 것이라든가 복을 받지 못한다는 말에는 동의하지 않습니다. 처음 익은 열매나 짐승의 새끼는 하나님의 것이라고 주장하는 사람들의 주장에도 공감하기 어렵습니다(출애굽기 13:13, 23:19 / 레위기 27:26 / 신명기 15:19 등). 지나친 율법적 적용이기 때문입니다. 첫 월급은 하나님의 것이라고 강요하는 사람들이 있으나 율법적으로 적용하지 말아야 합니다. 정말 감사하고 고마워서 자발적으로 첫 월급을 바치거나 과거에 내지 않은 십일조를 드린다면 괜찮지만, 의무적으로 또는 강요로 바치는 것은 피해야 합니다.

하나님은 헌금을 억지로 바치라고 말씀하신 적이 없습니다. 도리어 선행과 구제가 없는 삶을 살다가 재물을 가지고 오거나(이사야 1:11~13 / 아모스 4:4~5, 5:22), 부상당하고 질병이 있는 동물을 가지고 와서 하나님께 큰 꾸지람을 들었습니다(말라기 1:7~8).

하나님께 재물, 건강, 명예, 진학, 결혼 등 어떤 보답을 소망하거나 요구하며 십일조헌금을 바치는 것은 잘못입니다. 만약 이런 것을 목표로 하거나 은근히 기대한다면 그것은 신앙인의 태도가 아닙니다. 하나님은 많이 바치면 바칠수록 좋아하는 이방신이 아닙니다. 십일조를 포함한 모든 헌금을 율법적으로 적용하지 않아야 합니다. 율법을 벗어나 복음으로 가야 합니다. 복음적인 헌금의 원칙은 감사와 기쁨입니다.

부자가 십일조를 하고는 자신의 의무를 다했다고 생각해서는 안 됩니다. 부자는 어렵고 힘든 이웃을 위해 물질을 더 바쳐야 합니다. 십삼조(30%), 아니 십오조(50%)라도 해야 합니다. 반면 하루 먹고살기도 버겁고 힘든 신자라면 십일조를 바치기가 어렵습니다. 그런데도 거기에서 10%를 떼어 바친다면 훌륭한 신앙이라고 말할 수 있습니다. 다만 교회는 그런 사람에게까지 율법적으로 십일조를 요구하거나 준수하라고 은근히 압력을 넣지는 말아야 합니다.

십일조가 반드시 복으로 연결된다고 믿지 않아야 합니다. 복은 하나님이 알아서 주시는 것입니다. 적잖은 부자 신앙인들이 소유한 물질이 복이 아니라 저주가 되는 것을 봅니다. 장례식장에서 금전과 부동산 문제로 다투니까요. 그러고는 서로 원수가 됩니다.

십일조가 복의 근원이라면 헌금을 한 푼도 안 하는 믿지 않는 사람들이 왜 더 부자가 되고 그 자식들은 떵떵거리고 잘살까요? 이 질문에 제대로 답변하는 신자를 만난 기억이 없습니다. 십일조를 하면 천국에 가고 하지 않으면 지옥에 간다고 주장하다가 몇 년 전 별세한 한심한 K목사도 있습니다. 십일조를 하지 않으면 신자 자격을 박탈한다고 했다가 취소한 철없는 초대형 S교회 목사도 있습니다.

십일조는 하나님에 대한 나의 신앙고백입니다. 십일조를 가볍게 여기거나 할 필요가 없다고 믿는 사람들은 자신의 신앙을 되돌아봐야 합니다. 신앙은 어느 정도 물질과 비례하는 것이 사실이니까요. 성경에서 말하는 온전한 십일조는 소득뿐만 아니라 전체적인 삶에서 하나님께 드리는 것입니다. 내가 가지고 있는 시간, 노력, 힘을 사용해 하나님께 응답하는 삶을 말합니다.

기독교가 한국에 들어올 때 '달 연보'나 '날 연보'를 했다는 기록이 있습니다. 달 연보란 1년에 한 달, 날 연보는 한 달에 1일을 정해 전도하는 날로 삼은 것입니다. 아름다운 행위지만 율법적으로 해석하지는 말아야 합니다. 자발적으로 원해서 하는 것이라면 괜찮지만 억지로 해서는 곤란합니다. 그런 것을 한다고 하나님이 복을 주신다거나, 반대로 하지 않는다고 해서 저주한다고 믿는 것은 큰 잘못입니다.

06

교인은 목사 따라가고 교회 따라가야 천국 가나요?

Q "교인은 자기주장이 있으면 안 되고 목사 따라가야 한다"거나 "교회 따라가야 천국 간다"는 말을 듣습니다. 이런 말이 맞나요?

A 사실 언뜻 들으면 옳은 것 같기도 합니다. 교인이 자기주장만 하고 목사가 하는 올바른 가르침을 무시하면 곤란하니까요. 교회에 다녀야 하나님께 올바르게 예배하고 성경을 해석하는 방법도 배울 수 있으니까요. 이단에 현혹되지 않고 흔들리지 않는 믿음을 가지도록 교리도 배울 수 있습니다. 그런데 교회에 나오지 않고 혼자 신앙생활을 하면 자칫 잘못된 생각과 판단에 빠져 영생에 이르지 못하는 경우가 왕왕 있습니다.

교회에서는 장로나 지도자들에게 순종하거나 존경하라는 말을 자주 합니다. 그럴 때마다 장로를 존경하거나 순종하라는 본문을 들먹거립니다. 여기서도 성경은 문맥에 따라 해석하고 전체적으로 해석해야 한다는 원칙이 적용됩니다.

첫째, "잘 다스리는 장로들은 배나 존경할 자로 알되 말씀과 가르침에 수고하는 이들에게는 더욱 그리할 것이니라"(디모데전서 5:17)

오늘날 다스리는 장로, 가르치는 장로를 뚜렷이 구별하기는 어렵습니다. 편의상 다스리는 장로는 장로, 가르치는 장로는 목사라고 규정하기로 합니다. 성경은 장로나 목사를 두 배나 존중하고 존경하라고 합니다. 유의할 점은 다른 신자를 잘 다스리거나 가르쳐야 한다는 조건이 따른다는 것입니다. 잘 가르치지도 못하고 다스리지도 못하고 세습, 재정 횡령, 잘못된 가르침, 이성과의 스캔들, 심각한 언행 불일치를 보이는 장로와 목사에게는 해당되지 않습니다. 교회는 이런 사람들을 치리하고 권징해야 합니다(디모데전서 5:18). 심하면 출교도 해야 하고요(디모데전서 5:19).

둘째, "젊은 자들아 이와 같이 장로들에게 순종하고 다 서로 겸손으로 허리를 동이라"(베드로전서 5:5)

이 본문에는 장로들에게 순종하라는 구절이 있습니다. 하지만 단독으로 이 본문을 읽지 말고 문맥으로 판단해야 합니다. 장로(가르치는 장로와 치리하는 장로)는 양 무리를 잘 양육하되 강제로 하면 안 됩니다(2절). 더럽거나 부패한 이익(돈, 명예, 권력 등)을 탐내지 않아야 합니다(2절). 맡겨진 신자들을 지배하려 하지 말아야 합니다(3절). 또한 장로와 신자들은 서로 겸손해야 합니다(5절).

그렇다면 "교인은 자기주장이 있으면 안 되고 목사 따라가야 한다.

교회 따라가야 천국 간다"고 말하는 목사는 지금 신자들에게 억지로 강요하거나 신자들을 지배하고 있다는 것을 쉽게 알 수 있습니다. 본문 5절에서는 서로가 겸손하라고 합니다. 즉, 목회자와 신자들이 서로 겸손하라는 뜻입니다. 그러면 목사가 교인들에게 목사에게 순종하고 교회를 따라와야 천국 간다는 말은 하지 못할 것입니다.

올바른 비유는 아니지만 목사, 장로와 집사의 관계를 살펴보도록 합니다. 예수님의 피로 사신 몸 된 교회는 예수 그리스도의 삼중직(왕·선지자·제사장 역할)으로 비유할 수도 있습니다. 가르치는 장로인 목사는 그리스도의 선지자직을 따라 교회의 교리권을, 다스리는 장로인 장로는 그리스도의 왕직을 따라 교회의 치리권을, 집사는 그리스도의 제사장직을 고려해 교회 사역권을 가질 수 있습니다. 이를 보건대 장로, 목사, 집사 같은 직분이 상하 복종의 관계가 아니라 상호 협력과 보완의 수평적 관계라는 것을 부인하기 어렵습니다.

교인들도 주 안에서 목사에게 순종하고 목사를 존경하는 것이 옳습니다. 하지만 도덕적으로 윤리적으로 잘못하는 목사, 언행일치가 부족한 목사까지 존경할 필요는 없습니다. 비근한 예로 부모를 공경하고 부모에게 순종하는 것이 틀렸다고 말하는 신자는 아무도 없습니다 (출애굽기 21:17 / 신명기 5:16 / 마태복음 15:4 / 누가복음 18:20 등). 그러나 성경은 무조건 순종하는 것이 아니라 '주 안에서' 순종하라고 합니다(에베소서 6:1). '주 밖에서'가 아니라 '주 안에서'라는 의미입니다. '주(예수. 그리스도) 안'이라는 구문이 바울서신에만 164번이나 사용됩니다.

목사가 참목자가 아니라 삯꾼 목사인데 어떻게 목사를 따라갑니까? 그런 가짜 목사를 양들이 따라가다간 늑대나 곰 같은 맹수에게 잡아먹히거나, 산악지대가 많은 이스라엘 땅에서는 비탈길에서 굴러떨어져 다치고 죽기 십상입니다.

"교회 따라가야 천국 간다"는 비성경적인 말을 하는 목사는 이미 목사라 할 수 없습니다. 목사 자격이 없습니다. 공교회성이라는 용어가 그런 목사에게는 사치일 뿐입니다. 개교회주의에 몰입돼 왜곡된 교회관을 보이는 목사, 내 교회에만 구원이 있고 다른 교회에는 구원이 없다는 목사는 이미 목사 자격을 상실했습니다. 성경에서 이렇게 개교회주의를 주장한 사람은 한 사람도 없습니다. 사도 바울, 베드로, 요한 등 어느 누구도 내 교회에만 구원이 있다거나 교회를 따라가야 천국에 간다거나 구원이 있다고 주장하지 않았습니다.

교회는 물리적으로 보이는 교회당 건물이 있는 유형 교회도 있지만, 눈에 보이지 않고 건물이 없는 무형 교회도 있습니다. 그런 무형의 교회도 하나님은 인정하고 구원하십니다. 북한에는 공산주의 체제 선전용으로 사용하는 평양 봉수교회와 칠곡교회 외에는 다른 교회가 없습니다. 그렇다면 지하교회에서 숨어 기도하고 예배하는 성도들은 지옥에 갈까요? 요즘 코로나19 전염병 위험 때문에 또는 건강이 좋지 않거나 피치 못할 사정으로 교회에 출석하지 못하는 신자가 많습니다. 특히 100만 명으로 추정되는 가나안 신자들은 대개 교회에 나가지 않습니다. 그렇다면 그들은 다 지옥에 간다는 말인가요?

그렇게 편협한 사상과 논리를 주입하는 것이 기독교라면 저는 그런 하나님과 예수님을 믿고 의지하는 기독교를 신뢰하지 않을 것입니다. 차라리 대자대비한 부처님을 믿겠습니다(웃음). 대자대비大慈大悲란 부처님이 중생(인간)을 끝없이 사랑하고 끝없이 슬퍼하며 중생의 고통을 자기 고통으로 여긴다는 뜻이니까요.

마지막으로, "또한 지도자라 칭함을 받지 말라 너희의 지도자는 한 분이시니 곧 그리스도시니라"(마태복음 23:10)

주님은 왜 우리 자신이 지도자라 불리지 않도록 주의하라고 하실까요? 큰 자가 작은 자를 섬겨야 하고(23:11), 자기를 높이는 사람은 낮아지고 자신을 낮추는 사람은 높아지니까요(23:12). 목사는 작은 자, 영어로는 작은 자라는 뜻의 미니스터minister일 뿐입니다. 무익하고 쓸모없는 종이니까요(누가복음 17:10). 모든 그리스도인은 목회자나 교회가 아니라 예수님을 따라가야 합니다(마태복음 4:19, 16:24 / 마가복음 1:17, 8:34 / 누가복음 9:23 / 요한복음 21:19 등).

그렇다고 목회자나 교회를 아예 버리거나 떠나라는 뜻으로 해석해서는 안 됩니다. 좋은 목자, 올바르게 가르치는 목자나 교회에 가는 것은 매우 중요합니다.

07

교회에 다녀도 무신론자가 될 수 있나요?

Q 친구가 교회는 다니는데 무신론자라고 합니다. 불교는 눈에 보이는 부처가 존재하는데 기독교는 하나님이 보이지 않아서 믿기 어렵다고 합니다. 어떻게 하면 이 친구의 마음을 열 수 있을까요?

A 친구를 위하는 마음이 참 귀합니다. 저도 교회에 다니면서 어떻게 하나님의 존재를 의심할 수 있는지 궁금합니다. 그러면서도 교회에 나오는 이유를 알기 어렵습니다. 최소한 신神이 있다는 것을 믿을 때 교회에 나오니까요. 예수님의 탄생이나 부활을 믿지 못하는 신자는 혹 있을 수 있지만, 하나님이 없다면서 교회에 나오기는 매우 어렵습니다. 그럼에도 불구하고 교회에 나오는 친구를 나무라지는 마십시오. 교회에 나오는 것도 대단한 일이니까요. 무엇보다 중요한 것은 친구를 이해하고 기다려주는 일입니다. 하나님이 그 친구를 선택하셨다면 언젠가 하나님의 존재를 믿게 될 것입니다.

불교의 불상이나 부처상을 신神이라 믿는 것이 옳다고 말하기는 어렵습니다. 어떻게 피조물인 인간이 '신神이 이렇게 생겼다'고 규정할 수 있나요? 신은 사람이 생각하는 것을 초월해야 합니다. 신이 사람이 생각하는 범위 안에 있다면 그것은 신이 될 수 없습니다. 신은 사람의 생각을 벗어나야 신이 될 수 있습니다. 부처상의 석가모니가 현재의 얼굴이라고 누가 그러던가요? 아무도 모릅니다. 부처가 신이라고 해도 지구상에 똑같은 불상은 하나도 없으므로 진짜 신이 무엇인지 알 수 없습니다. 어느 불상이 진짜 부처요 신인가요?

  눈에 보이거나 만지는 것은 신이 될 수 없습니다. 귀신이 눈에 보입니까? 귀신을 만질 수 있습니까? 귀신은 신이지만 눈에 보이지도 않고 만질 수도 없습니다. 다만 귀신이 있다고 느낄 수는 있습니다. 친구가 무신론자라고 주장한다면 밤 12시경 공동묘지에서 한 시간만 혼자 있어보라고 하십시오. 겁이 난다고요? 왜 겁이 나는지 그 이유를 설명할 수 있어야 합니다. 설명할 수 없다면 신의 존재를 인정해야 합니다.

  심장이나 허파가 있나요? 그것들을 보지도 못하고 만지지도 못하면서 어떻게 믿나요? 의학책에 나와 있거나, 다른 사람들이 그런 장기가 있다고 말하니 믿는 것입니다. 그렇습니다. 우리가 하나님이 있다고 느끼는 것도 마찬가지입니다. 인류 역사상 최고의 베스트셀러요 스테디셀러인 성경은 하나님이 살아 계시고 지금도 역사하신다고 말합니다. 셀 수도 없이 많은 사람이 하나님이 있다고 믿었으며, 그 믿음을 위해서라면 순교도 마다하지 않았습니다.

  특히 성경 가운데서도 요한복음은 그 하나님이 바로 예수님이라고 합니다(요한복음 1:1~18). 예수님은 살아 계셨던 하나님이었고, 지금도 하나님 우편에 앉아 계십니다(마가복음 14:62 / 로마서 8:34 / 골로새서 3:1 등). 친구에게 개역개정성경이 아닌 쉬운 성경으로 요한복음을 읽어보게 하십시오. 요한복음에서 만나는 예수님이 바로 신 중의 신인 하나님이시니까요.

그래도 하나님을 믿지 못하면 기다려야 합니다. 먹구름 속에 감춰져 있던 태양이 방끗 나타날 때까지 실망하지 않고 기다려야 합니다. 그러면 친구가 언젠가는 '하나님이 나의 영적인 아버지'라고 고백할 날이 올 것입니다. 정말 친구가 하나님이 선택한 사람이라면 하나님은 반드시 하나님이 살아 계심을 믿게 하는 어떤 사건이나 상황으로 인도하실 것입니다. 사람은 대개 어렵고 힘든 일이나 고난을 경험할 때 하나님을 찾거나 만나고 살아 계심을 믿게 됩니다.

예를 들어봅니다. 어떤 자녀는 아버지를 아버지로 인정하지 않다가 어떤 일이나 사건을 계기로 아버지와 화해하고 인정하는 경우가 있습니다. 영적 아버지인 하나님도 마찬가지입니다. 시간을 두고 기다리면 언젠가 하나님의 때와 시기가 될 때 하나님이 살아 계시다고 고백할 날이 올 것입니다. 실망하지 말고 친구를 위해서 기도하십시오.

08

구멍 뚫린 헌금 봉투를 교회에서 왜 사용하나요?

Q 교회에서 제공하는 헌금 봉투를 보니 구멍이 뚫려 있습니다. 왜 구멍이 뚫려 있는지 궁금합니다.

A 10여 년 전 모 신문에 한국의 몇몇 대형 교회에서 사용하는 헌금봉투에 구멍이 뚫려 있다는 기사가 실렸습니다. 기사의 요지는 구멍 뚫린 헌금 봉투(일명 타공 봉투) 속 금액이 1천 원인지 1만 원인지를 쉽게 알 수 있어 교회에서 헌금을 더 많이 거두어들이기 위한 방법이라는 것이었습니다. 기사는 이로 말미암아 타공 봉투에 불만을 품은 신자들이 교회를 떠났다고 지적했습니다.

한국에 복음을 전해준 미국 교회에서도 일반적으로 타공 봉투를 사용합니다. 타공 봉투를 사용하는 이유는 현금이나 수표를 넣었을 때 실수로 계수하지 않는 것을 사전에 방지하기 위해서입니다. 헌금 봉투를 들어 빛에 비추어보면 헌금 삽입 여부가 구분이 되겠지만, 이는 시간이 걸리고 귀찮은 작업입니다. 그런데 타공 봉투를 사용하면 그런 추가 작업이 필요 없게 됩니다. 실제로 타공 봉투는 최근에 사용하기 시작한 것이 아닙니다. 제 기억으로는 최소 40년은 더 지난 것으로 추정합니다. 흥미로운 점은 타공 봉투를 사용해도 헌금 계수인이 실수해서 다음 주에 헌금 봉투를 수령하면 헌금이 그대로 남아 있는 경우도 간간이 발생한다는 것입니다.

제가 다닌 교회는 신자 수가 800~900명 정도인 교회였는데도 그런 실수가 있는데 수천 명, 아니 수만 명이 출석하는 교회는 더욱더 문제가 발생할 수 있으리라 쉽게 짐작할 수 있습니다. 그래서 그런지는 몰라도 미국 교회의 헌금 봉투에는 구멍이 두 개 뚫려 있는데, 한국교회의 헌금 봉투에는 구멍이 한 개 뚫려 있습니다. 이것이 무엇을 의미할까요? 미국 교인들은 헌금할 때 대부분 다른 신자들의 눈치를 보지 않습니다. 그런데 한국 교인들은 헌금할 때 다른 신자들의 눈치를 많이 봅니다. 하기야 한국에는 값싼 선물을 하면서도 포장을 화려하게 하는 잘못된 포장 문화가 자리를 잡고 있습니다. "양반은 얼어 죽어도 곁불은 쬐지 않는다"는 허세 문화가 아직도 남아 있습니다. 그래서 가난하게 살아도 옷과 장식품은 최고급으로 하고, 승용차도 외제 차를 타고 다니려는 게 아닐까 생각해봅니다.

헌금을 많이 걷으려는 의도로 타공 봉투를 사용한다면 구멍을 두 개 뚫어야 합니다. 그런데 한국교회에서 사용하는 타공 봉투는 구멍이 한 개 뚫려 있으니 구멍이 없는 쪽으로 봉투를 넣으면 다른 사람이 전혀 볼 수 없습니다. 실제로 구멍의 지름은 8mm로 관심이 없는 일반 신자는 그 안에 얼마짜리 지폐가 들었는지 알기가 쉽지 않습니다. 따라서 타공 봉투는 교회가 헌금을 장려하고 더 많이 거두려는 의도에서 사용하는 것이 아님을 알 수 있습니다.

교회에서 타공 봉투를 사용하는 이유는 헌금을 빠뜨리지 않고 계수하기 위함이며, 아울러 출석도 동시에 알 수 있는 장점이 있고 본인이 헌금 여부를 직접 확인할 수 있는 좋은 방법이기 때문입니다. 따라서 교회는 월정헌금이나 주정헌금의 경우 타공 봉투를 일 년에 한 장만 사용할 수 있습니다. 선교헌금이나 십일조헌금, 감사헌금 같은 경우도 해당 항목을 한 장의 봉투에 사용해 동그라미나 체크(V) 표시를 하면 1년 동안 사용할 수 있습니다.

하지만 만약 헌금을 많이 거두려는 의도로 타공 봉투를 사용한다면 하나님께 그에 응당한 꾸중이나 심판을 받을 것입니다. 실제로 그런 못된 생각이나 마음을 품은 목사는 별로 없을 것입니다. 헌금 봉투를 사러 기독교 백화점에 가면 구멍이 한 개 있는 것은 물론 구멍이 없는 것도 있다는 것을 알 수 있습니다.

헌금을 계수하는 사람은 재정부원입니다. 목회자가 계수하는 경우는 개척교회 외에는 거의 없습니다. 재정부원에게 타공이 안 된 봉투를 사용하라고 하면 당장 난리가 날 것이고, 타공 봉투를 요망하는 건의 사항이 빗발칠 것입니다. 이래저래 교회를 비난하는 사람들이 있습니다. 그들은 교회가 아무리 잘해도 의심의 눈초리를 거두지 않을 것입니다. 이것은 교회의 재정 비리 및 건물 확장, 세습 등에 온 신경을 쓰기 때문인지도 모르겠습니다.

교회도 다양하게 헌금하는 방법을 연구해야 합니다. 이를테면 헌금함을 설치해 교회당에 들어올 때 내게 하거나 은행계좌 송금 또는 온라인 송금 방법도 있습니다. 아울러 구멍이 뚫리지 않는 쪽으로 헌금 봉투를 넣게 하는 등 방법을 간구해야 합니다.

어쨌든 저는 누가 뭐라 해도 타공 봉투를 선호합니다. 구더기 무서워 장 못 담그는 잘못을 범하지 않아야 합니다. 소가 없으면 구유가 깨끗해진다고 해서 소를 기르지 않을 수는 없습니다(잠언 14:4)

09

구원의 확신이 부족해서 지옥에 갈 것 같아요

Q 저는 모태 신앙이지만 교회당만 왔다 갔다 했습니다. 작년 10월부터 갑자기 성경을 읽기 시작했고, 오늘까지 단 하루도 빠짐없이 매일 읽고 있습니다. 매일 아침 일어나면 기도로 시작하고 밤에도 기도로 하루를 마칩니다. 예수님이 저를 위해서 십자가에 돌아가신 것도 믿습니다. 저는 매일의 삶 속에서 선하게 살려고 노력합니다. 성품도 조금씩 변화하는 것 같고요. 그런데도 구원의 확신이 완전하지 않아 하나님께서 저를 지옥에 보내실까 봐 두렵습니다.

A 신앙생활을 잘하고 있는 것으로 보여 매우 기쁩니다. 하나님이 자매님의 마음에 어떤 감동을 주셨는지 모르지만, 성경을 읽고 조석으로 기도하며 선하게 살려고 노력하니까요. 그런 것은 모두 하나님의 은혜입니다.

예수님이 나의 주主가 되시고 나를 위하여 십자가에서 죽으시고 부활하심을 믿으면 구원을 받습니다(로마서 10:9~10). 이것이 구원을 받는 대원칙입니다. 1분 뒤 죽을 사람이 이런 신앙고백을 할 수 있다면, 비록 그가 말도 못 하는 지경에 이르렀어도 고개라도 끄덕할 수 있다면 구원을 받아 하나님 곁으로 갑니다. 영생을 얻는다는 말입니다. 십자가에 매달린 예수님 옆에 있던 강도가 그런 경우입니다.

기독교라는 종교는 불교, 유교, 이슬람교 같은 행위 구원의 종교와는 확연히 다릅니다. 그런 종교는 착한 행위, 실천, 공로를 쌓아야 천당이나 극락세계로 간다고 합니다. 그러나 기독교는 그런 행위의 종교와는 달리 믿음으로 구원을 받습니다. 구원을 받기 위해 아무런 착한 일이나 공로를 세우지 않아도 십자가의 고난, 죽음과 부활 등 예수님의 공로로 구원을 받습니다. 하지만 엄밀히 따지면 이것은 구원의 시작일 뿐입니다.

구원을 받았다는 것은 이제 하나님의 양자(양녀)가 되었다는 의미입니다. 자매님은 모태 신앙이지만 제가 볼 때는 어린 신앙입니다. 아기 신앙을 가지고 있다는 뜻입니다. 갓 태어난 아기가 무엇을 알겠습니까? 아기는 엄마가 곁에 없으면 불안해하고 울기도 합니다. 걷기 시작하면 병아리처럼 엄마만 졸졸 따라다닙니다. 그런데 아이가 항상 이러지는 않습니다. 때로는 무슨 잘못을 해서 엄마한테 혼나거나 매를 맞으면 친엄마가 정말 맞나 의심도 합니다. 그러다가 세월이 흘러서 소녀가 되고 청년이 되면 이 엄마가 친엄마임을 확신하게 됩니다.

구원의 확신도 이와 비슷합니다. 구원의 확신은 하루아침에 생기지 않습니다. 때로는 구원을 의심도 하고 확신도 가지다가 회복되고, 또 의심과 확신이 반복되는 경우가 많습니다. 그러다가 점점 의심은 줄어들고 확신이 커집니다. 이때 주의해야 할 점이 있습니다. 예를 들어 제가 아버지 말씀에 불순종해 가출하면서 3천만 원을 훔쳐서 도망갔다고 가정해봅시다. 이때 저와 아버지의 관계는 어떻게 될까요? 아버지가 아무리 화가 나서 호적에서 파버리겠다고 해도 호적에서 삭제가 되느냐 하는 문제입니다. '아니요'가 정답입니다. 저는 아버지와 영원히 부자관계로 남아 있게 됩니다.

영적인 하나님 아버지와의 관계도 마찬가지입니다. 강도, 간음, 살인 등 내가 아무리 큰 죄를 지어도 하나님과 나의 관계는 그대로 남습니다. 절대로 지옥에 가지 않습니다. 즉, 구원을 받는다는 것입니다. 그렇다면 무슨 문제가 생길까요? 거금을 훔쳐 가출해서 아버지와 내 사이가 멀어지게 됩니다. 서먹서먹해지는 것이지요.

예, 그렇습니다. 내가 죄를 지으면 하나님 아버지와 내 사이가 멀어지게 됩니다. 하지만 내가 죄를 뉘우치고 집에 돌아오면 아버지는 용서해주십니다. 저도 육신의 아버지에게 수도 없이 반항하고 불순종하고 불효했지만, 아버지가 항상 저를 받아주시고 용서해주신 것을 아직도 생생히 기억합니다.

하나님 아버지도 마찬가지입니다. 예수님이 나의 주인이시고 나의 구세주가 되신 것을 믿으면 이미 구원을 받은 것입니다. 게다가 성경도 읽고 싶고 기도도 하며 착하게 살려고 노력하는 것을 보면 하나님의 딸이 된 것이 분명합니다. 또한 성품이 변화되어가고 있다는 것은 성령님이 마음속에 상주하고 계시다는 명백한 증거입니다. 삼위일체 하나님이 내 심령 속에 거주하시면서 변화시키고 있고, 새로운 피조물이 되었다는 증거입니다(고린도후서 5:17).

구원을 받았고 구원의 확신이 있다면서도 예수님을 믿기 전후를 비교하면 언행에 변화가 없는 신자들이 있습니다. 그런 분들은 구원을 받았다고 말하기 힘듭니다. 거짓 구원일 가능성이 있으니 자신의 구원을 되돌아보아야 합니다. 구원을 받았다고 하는 신자들, 구원의 확신이 있다고 하는 신자들은 반드시 말과 행동이 변화합니다. 변화가 없으면 거짓 구원일 가능성도 있습니다. 비록 시간이 걸리더라도, 즉 1년, 5년, 20년, 아니 50년이 걸리더라도 참신자는 반드시 변화합니다. 자매님은 지금 변화되어가고 있으니 구원의 확신을 가져도 됩니다. 절대로 지옥에 가지 않습니다. 이것은 제가 말하는 것이 아니라 성경의 전체적 가르침입니다.

기억하십시오. 내가 아무리 큰 죄를 지어도 육신의 아버지는 나를 버리지 않습니다. 부녀 관계가 끊기지 않는다는 말입니다. 하나님 아버지와 나의 관계도 마찬가지입니다. 다만 죄를 지으면 사이가 멀어졌다가 회개하고 돌아오면 다시 회복됩니다. 자매님의 구원은 이미 이루어졌지만 구원의 확신은 성장합니다. 조만간 구원의 확신을 의심하지 않을 때가 올 것입니다. 더 정확히 말하면, 그런 구원의 확신도 내가 이루는 것 같지만 하나님의 은혜와 역사로 이루어집니다(빌립보서 2:12~13).

10

그리스도인이 신점, 타로, 사주팔자를 보고 예언 기도를 받아도 되나요?

Q 그리스도인이 신점이나 타로점, 사주팔자를 봐도 되지 않나요? 성경을 보면 사울 왕도 무당을 시켜 사무엘의 영을 올려보내서 대화하고 있으니까요. 기도원장님께 예언 기도도 자주 받습니다.

A 점쟁이나 철학관을 찾아가서 점을 보거나 타로점을 보러 갔다고 고백하는 신자들을 봅니다. 취업, 질병, 자식의 복, 출세, 운세를 알고 싶어 합니다. 그런데 불신자들이 점을 보러 가자고 하는 것보다는 주로 주위 신자들이 부추기고 유혹해 함께 가는 것이 대부분입니다. 이렇게 점이나 사주팔자를 보러 가자고 유도하는 사람들 가운데 오랫동안 교회에 다닌 신자도 있다는 데 문제의 심각성이 있습니다.

2022년 한국리서치가 조사한 바에 따르면, 지난 5년간 개신교인 23%가 사주팔자, 타로, 관상, 신점 등 점을 본 적이 있다고 합니다. 천주교인은 39%, 불교인은 62%, 무종교인은 42%가 점을 보았다고 합니다. 다른 종교인이나 무종교인보다 개신교인의 비율이 낮은 게 그나마 다행인지는 모르지만, 그래도 적지 않은 숫자입니다. 개신교인 4명 중 1명은 점을 보았다는 이야기니까요. 더 심각한 것은 점을 봐도 되는지 모른다고 대답한 개신교 신자들이 3명 중 1명 정도이고, 점을 미신이 아니라고 생각하거나 잘 모른다고 대답했다는 점입니다.

성경에는 무당이나 점쟁이와 관련된 구절이 많습니다. 하나같이 무당이나 점쟁이를 살려두지 말라고, 그들과 멀리하라고 경고하는 내용입니다.

> 너는 무당을 살려두지 말라 _ 출애굽기 22:18

> 너희는 무엇이든지 피째 먹지 말며 점을 치지 말며 술법을 행하지 말며 _ 레위기 19:26

> 접신한 자와 박수무당을 음란하게 따르는 자에게는 내가 진노하여 그를 그의 백성 중에서 끊으리니 _ 레위기 20:6

> 남자나 여자가 접신하거나 박수무당이 되거든 반드시 죽일지니 곧 돌로 그를 치라 그들의 피가 자기들에게로 돌아가리라 _ 레위기 20:27

> 점쟁이나 길흉을 말하는 자나 요술하는 자나 무당이나 진언자나 신

> 접자나 박수나 초혼자를 너희 가운데에 용납하지 말라
> _ 신명기 18:10~11

　2017년 한국역술인협회의 주장에 따르면 한국의 성인 남자 중 60%가 점이나 사주를 본다고 합니다. 그들은 점을 보는 사람들 중 30%가 그리스도인이라고 주장합니다. 그 주장대로라면 성인 그리스도인 10명 중 2명이 점을 보러 간다는 것이니, 적지 않은 숫자입니다. 그런데 그중에는 믿기 어렵지만 전도사나 목사도 포함되어 있다고 합니다.

　하나님이 없는 마음은 우상 공장이라고 종교개혁자 장 칼뱅Jean Calvin은 말합니다. 우상에는 돈, 재물, 명예, 권력, 섹스, 건강이나 이방신이 포함됩니다. 무당이나 점쟁이나 철학관도 포함되지요. 하나님이 매우 싫어하시는 죄악 중 하나가 점을 치거나 무당을 찾아가는 것입니다. 이런 행위는 하나님을 불신하는 것이요 영적인 간음입니다.

　사울 왕이 무당을 통해 사무엘과 대화하는 것을 보고 그리스도인도 죽은 사람의 혼령과 대화하는 것은 성경적이라고 말하는 사람들이 있습니다. 하지만 무당을 통해 올라온 것은 사무엘의 영이 아니라 사무엘의 모습으로 위장한 사탄이나 귀신입니다. 누군가가 죽은 사람과 대화할 수 있다 해도 성경은 이런 일을 시도하는 것조차 금지합니다(레위기 19:31, 20:27 / 신명기 18:10~12 / 이사야 8:19).

　점집, 철학관, 인터넷 점집에서 각종 점을 보거나 미래를 예측하는

행위는 비극적 결과를 초래할 수도 있습니다. 다음과 같이 마술, 점술과 악령을 부르는 어떤 행위조차도 우리가 상상할 수 없는 매우 어둡고 위험한 세상으로 우리를 안내할 수 있음을 기억해야 합니다.

첫째, 하나님의 지혜와 역사를 무시하고 다른 신을 찾았던 점성술사들은 모두 죽임을 당합니다(다니엘 2장).

둘째, 사울 왕이 죽은 이유는 여호와의 말씀에 불순종하고 무당을 찾아갔기 때문입니다(역대상 10:13~14).

셋째, 선지자 발람은 돈을 받고 이스라엘 백성을 저주하려 했고, 백성을 유혹해 음행하게 해서 큰 죄를 짓게 만들었고, 백성에게 죽임을 당합니다(민수기 22장).

심지어 하나님은 미래를 말하는 점술사나 무당을 죽이라고 명령하십니다(신명기 18:10~12). 하지만 주의할 것은 하나님이 점술사나 무당을 죽이라고 했다고 해서 종교의 자유가 있는 한국에서 그들을 죽이거나 그들이 소유하고 있는 기물을 파괴할 수는 없습니다.

그런데 차마 그런 무당이나 철학관을 찾아가지는 못하고, 예언豫言과 투시透視의 은사를 받았다는 사람을 찾아가 예언 기도를 받고 미래의 일을 알려고 하는 신자들이 우리 주위에 있습니다. 특히 과거를 잘 알아맞히면 신기하거나 대단하다고 졸졸 따라다닙니다. 용하다는 목사, 장로, 권사를 찾아가 자신의 미래를 알려 하고, 고난과 고통을 해결하려 합니다. 이런 신자들은 기독교 신앙의 근본과 원칙은 모르면서 오직 세상적인 관점에서 교회에 출석하고 복만 받아 세상에서 잘 먹고 잘사는 데만 관심이 있는 것입니다.

목사에게 예언 기도를 받는 것은 무당이나 점집에 가는 것과 별로 차이가 없습니다. 교회에 도고기도禱告祈禱를 요청하거나 서로를 위해 도고기도를 하십시오. 그것이 가장 성경적이고 올바른 방법입니다.

이제라도 과거에 점을 치거나 예언 기도를 받으러 갔던 것을 하나님께 회개하면 용서받을 수 있습니다. 다시는 그런 점이나 예언 기도를 받으러 가지 않기를 바랍니다. 기독교는 나와 배우자, 자식, 부모만 잘되고 출세하기를 바라는 종교가 아닙니다. 그런 기복과 성공만을 간절히 원한다면 무교巫敎, 불교, 힌두교 등 어느 종교에나 있으니 차라리 그런 종교를 믿으십시오.

눈이라도 빼서 목사에게 바치라는 설교가 올바른가요?

Q 며칠 전 담임목사님이 성도들에게 자기를 위해 눈을 하나 빼서 바칠 수 있느냐고 심각하게 묻더군요. 이렇게 설교하는 것이 틀리다고 생각하지만, 혹시 성경적으로 가능한가요?

A 설교자가 너무 무리한 설교를 한 것으로 보입니다. 성경에서 어떤 구절을 해석하려면 문맥과 흐름을 반드시 살펴야 합니다. 또 그 구절과 성경 전체에 흐르는 사상과 정신을 비교해야 합니다.

예를 듭니다. 어떤 성경 구절은 우리 성도들에게 거짓말을 허용하고 있다는 느낌을 줍니다.

첫째, 출애굽기 1장을 보면 히브리 산파였던 십브라와 부아는 바로 왕에게 히브리 여인들이 산파의 도움 없이 아이를 순산한다고 거짓으로 보고합니다.

둘째, 여호수아 2장에서 기생 라합은 히브리 첩자 두 명을 숨겨두고

도망치게 해 나중에 자신과 가족들만 구원을 받았습니다. 그런데도 성경은 이 여인을 믿음의 여인으로 칭송합니다(히브리서 11:31 / 야고보서 2:25).

이럴 때 신자들은 "아무 때나 거짓말을 해도 됩니까?" 하는 질문을 하게 됩니다.

여기서 주의할 점은 성경의 대원칙과 사상을 살펴봐야 한다는 것입니다. "네 이웃에 대하여 거짓 증거를 하지 말라"는 십계명의 제9계명이 중요합니다(출애굽기 20:16). 거짓을 가르치거나 용납하는 것은 사악한 사탄이나 마귀가 하는 전형적인 수법입니다(요한복음 8:44). 결국 산파들이나 기생 라합처럼 범죄행위, 전쟁, 운동경기, 사회적 관행 등 특정한 경우를 제외하고는 거짓말을 하지 않아야 합니다.

> 그런데 여러분의 그 감각이 지금은 어디에 있습니까? 나는 여러분에게 증언합니다. 여러분은 할 수만 있었다면, 여러분의 눈이라도 빼어서, 내게 주었을 것입니다
>
> _ 갈라디아서 4:15(우리말성경)

갈라디아서 4장은 바울의 육체가 형편없었다는 것을 강조하는 본문이 아닙니다. 목사에게 성도들이 충성하라거나 목사는 주의 종이라고 강조하지도 않습니다. 갈라디아서는 기독교를 믿는 갈라디아 교인들이 다시 유대교나 율법적 신앙으로 가려 하는 것을 보고 바울

이 격분해서 쓴 편지입니다.

어디에서 그것을 알 수 있을까요? "여러분이 날과 달과 계절과 해를 지키고 있다"(갈라디아서 4:10)는 구절입니다. 갈라디아 교인들이 유월절, 초막절, 월삭, 안식일뿐만 아니라 각종 율법도 지키고 있다고 바울은 꾸중하고 있습니다. 오늘날 한국교회도 율법적 신앙을 지키고 있지 않나요? 월삭기도회, 초막절헌금과 의미도 제대로 모르는 성수주일을 하라고 아우성치는 설교자들이 적지 않습니다.

전승에 따르면 바울은 매부리코에다 키가 작고 안짱다리에 추남이었다고 합니다. 바울은 머리가 비상하고 똑똑해 최고의 학문을 자랑하는 가말리엘 학파에서 공부한 천재였습니다. 아마도 그가 그리스도인이 되지 않았다면 유대 최고회의인 산헤드린 공회원이 되어 평생 다른 사람들에게 존경받고 편안한 삶을 살았을 것입니다.

그러나 바울은 건강이 좋지 않았습니다. 그에게는 간질(뇌전증)과 심한 안질이라는 고질병이 있었습니다. 안질이 심해서 글씨를 잘 쓰거나 읽지 못했다고 합니다. 간질의 경우 2천 년 전에는 원인을 모르고 치료법도 없었으므로 의사인 누가가 그림자처럼 따라다닌 게 아닌가 생각합니다(갈라디아서 4:14 / 고린도후서 10:10). 간질은 지금은 치료가 가능한 병이지만 당시에는 치료가 불가능해 '사탄이 주는 질병'이라고 간주했습니다. 그러니 바울이 얼마나 어렵게 전도했을지 짐작할 수 있습니다.

성경에서 그의 '눈'에 대해 말하는 내용을 보면(갈라디아서 4:15 / 사도행전 9:9) 바울의 질병이 안질이라고 볼 수도 있을 것 같습니다. 어쨌든 갈라디아 교인의 관점에서 보면 바울에게는 육체적으로 치명적인 약점이 있었습니다. 그럼에도 불구하고 바울은 갈라디아 교인들에게 복음을 전파해 믿음으로 구원을 얻게 한 스승이요 은인이었습니다. 그런 의미에서 갈라디아 교인들이 바울에게 호감이 있어 자기들의 눈이라도 빼주려고 했다는 것입니다. 실제로 눈을 주었다는 기록도 없거니와 당시에는 눈을 기증해도 이식수술을 성공시킬 의료기술이 없었으니 아무 의미가 없습니다.

그런데 그런 갈라디아 교인들이 율법을 준행하는 유대교나 율법을 지켜 구원을 얻는다는 이단에게 속아서 돌아가려고 하는 상황인 것입니다. 그런데 바울이 믿음으로 의롭게 된다는 진리를 선포하므로 이제는 바울과도 원수가 되었습니다(갈라디아서 4:16). 결국 이 본문은 눈을 빼서 준다는 것을 강조하는 내용이 아닙니다. 바울은 율법주의로 돌아가려는 교인들에게 언성을 높일 만큼 무척 화가 나고 당황해하고 있습니다(갈라디아서 4:20).

설교자는 이 구절을 자신을 향한 충성 구절로 해석했습니다. 하나님에게도 눈을 바치면 안 되는데 어떻게 일개 목사에게 눈을 줄 수 있습니까? 성경은 자신의 신체나 신체 일부를 하나님께 바치는 행위를 금기시합니다(레위기 18:21 / 신명기 12:31 / 열왕기하 17:17 / 역대하 28:3 / 에스겔 16:21 등). 그러므로 요셉을 장사꾼에게 팔아 인신매매를 했던 형들이 얼마나 큰 잘못을 했는지 알 수 있습니다.

제가 신대원에 다닐 때 자신의 눈을 빼서 시각장애인에게 주려고 하던 동기를 적극 만류했던 기억이 납니다. 뇌사자의 경우를 제외하곤 자신의 실제 눈(안구)을 다른 사람에게 제공하는 것은 실정법에 엄격히 금지되어 있습니다. 하나님과 부모님이 주신 소중한 신체를 잘 보존하다가 사후에 장기나 시신을 기증할 수는 있겠지요.

12

마귀와 직통계시에 집중하는 목사가 올바른가요?

Q 담임목사님이 기도원에 갔다가 마귀(귀신)를 보았다고 하고, 성도들이 꿈 이야기를 하면 해석해줍니다. 어떤 성도 집에 좋지 않은 기운이 있다고 하고, 하나님께서 누구에게 기도해주라고 했다고 합니다. 또 가난도 '가난마귀'가 있고 질병도 '질병마귀'가 있다고 합니다. 제가 가난하고 병에 걸린 것은 마귀 때문이라고 합니다. 성경적인지 아닌지 매우 혼란스럽고 두렵습니다.

A 어떻게 그런 목사와 함께 신앙생활을 하셨나요? 얼마나 무섭고 힘든 신앙생활을 하셨을지 짐작이 갑니다. 귀신론에 사로잡혀 세상을 하나님과 사탄의 대결, 선과 악의 싸움 등 이분론적으로 해결하려 하는 것은 매우 큰 잘못입니다. 목사보다는 무당이나 무속인이라고 호칭하는 것이 더 정확할 것 같습니다.

사탄·마귀는 영적 존재로서 인간의 눈에는 보이지 않습니다. 사탄·마귀는 사람의 몸에 침투해 귀신 흉내를 낸다고 보는 것이 성경적입니다. 그리스도인의 몸에는 성령 하나님이 거주하고 계시므로(고린도전서 3:16, 6:19) 귀신이 거주하지 못합니다. 자매님도 예수님을 영접해 하나님의 딸이 되었다면(요한복음 1:12) 그 몸에는 귀신이 거주하지 못합니다. 물론 예수님을 믿지 않는 불신자의 영혼과 육체는 사탄이 지배하고 있다고 해도 과언이 아닙니다. 자매님의 영육에 사탄(귀신)이 상주하고 있다고 믿지 않는 것이 가장 중요합니다.

목사를 비롯한 어떤 신자들도 꿈이나 환상을 해석하는 것은 올바르지 못합니다. 만에 하나 양보해서 굳이 해석한다 해도 성경적 관점으로 해석해야 합니다. 대부분의 해몽가들이 사람의 심리를 배워서 해석하는 경우가 많다는 것을 기억하십시오. 따라서 그런 해석은 무시하는 것이 바람직합니다. 우리의 현재와 미래와 생사화복은 하나님께 달려 있습니다.

저는 꿈을 많이 꾸는 목사지만, 꿈 내용대로 이루어지지 않는 것을 아주 잘 압니다. 꿈에 대해서는 아무런 관심이나 신경을 쓰지 않고 살아갑니다. 꿈이나 환상을 해석하는 목사는 경계해야 합니다. 그런 목사는 성경도 무시하고 주로 직통계시와 직관과 감정에 의지하니까요.

집에 나쁜 기운이 있다거나 귀신이 산다거나 하는 말은 주로 무속인과 점쟁이들이 많이 합니다. 부적을 팔거나 굿을 하게 하려는 목적으로 그런 말을 한다고 보면 됩니다. 그런데 목사가 그런 말을 하다니, 저도 충격이 큽니다.

또 가난마귀나 질병마귀가 있다는 것은 비성경적이고 비이성적입니다. 성경을 어린아이의 관점으로 보거나 문자적으로 해석한 것이기 때문입니다. 예수님 시대에는 질병의 원인에 대한 개념이 별로 없어서 시각장애, 청각장애, 지체장애 등 질병의 원인을 본인이나 조상의 죄로 돌렸습니다. 예수님은 질병은 하나님이 하시는 일을 나타내려고 한다면서 죄로 인한 질병을 부인하셨습니다(요한복음 9:1~3). 만약 가난이 마귀(귀신) 때문이라면 가난했던 예수님이나 제자들도 귀신에 들렸다는 이야기가 됩니다. 심지어 사도 바울이 앓은 간질(또는 안질)도 마귀에게 사로잡혔다고 보아야 합니다. 저는 고혈압, 당뇨, 고관절, 디스크 탈출, 통풍 등 10개도 넘는 질병이 있으니 귀신 공장이 되겠군요(웃음).

직통계시는 이단사상으로 신사도운동을 하는 교회에서 주로 주장합니다. 직통계시는 하나님이 직접 내게 말씀하신다는 것으로 성경의 완전성과 충족성을 믿지 않는 행위입니다. 성경이 기록되기 전 하나님이 계시하던 방법인 꿈, 환상 등은 성경이 완성된 주후 4세기부터는 존재하지 않습니다(히브리서 1:1~2). 우리는 성경말씀을 성령의 조명에 따라 해석하고 삶 속의 기준과 방침으로 결정합니다.

하나님이 허락하신 이성과 지성을 마비시키고 신비주의와 영적인 투쟁으로 몰아가는 일부 목사들이 있다는 것을 잘 압니다. 이들은 신사도운동을 하면서 건전한 성령운동으로 포장하고 있어 매우 위험하며, 이단·사이비와 별다르지 않습니다.

13

말기암인데 십일조도 조금 하고
구원의 확신이 없어 괴로워요

Q 십일조를 많이 하면 목사님이 좋아하시고 적게 내면 싫어하십니다. 십일조 생활을 1년 이상 하면 집사를 시켜준다는 확약도 받았는데 교회에서는 아직 아무런 이야기가 없습니다. 담임목사님은 노회 활동도 매우 활발히 하시고, 교회는 빚더미인데도 에쿠스 풀 옵션 차를 타고 다닙니다. 저는 말기암 환자라서 생명도 몇 달 남지 않았지만 구원의 확신이 없습니다. 도와주시면 안 될까요?

A 그러셨군요. 말씀을 들으니 저도 화가 납니다. 저는 평소 성도님들이 십일조헌금을 드리는 것만 봐도 대단한 신앙이라고 평가합니다. 십일조는 많이 내고 적게 내고가 중요한 것이 아닙니다. 내가 벌어들인 것이 모두 하나님의 것이지만 다 드리지는 못하고 믿음의 일환으로 수입의 10%를 하나님께 드리는 것이니까요.

어제는 코로나19로 인해 태권도장을 어렵게 운영하는 집사님이 재난지원금 600만 원을 받았는데 60만 원을 이번 주일까지 내라는 목사님의 말을 듣고 시험에 들었다고 합니다.

  십일조는 하나님께 드리는 것이지 인간인 목사에게 드리는 것이 아닙니다. 또 십일조를 포함한 모든 헌금은 기쁨과 감사로 자발적으로 드려야 합니다. 십일조를 한다고 해서 하나님이 반드시 복을 주시는 것도 아니고요. 십일조를 평생 하는데도 자기 집 한 채 없이 전세로 사는 신자들도 적지 않습니다. 십일조헌금 여부가 집사 직분에는 영향을 미치지만, 처음부터 1년 동안 십일조를 하면 집사 직분을 준다고 했으면 직분을 돈으로 사는 격이 됩니다. 절대로 있을 수 없는 일입니다.

  교회 직분은 믿음이 가장 중요하고, 나머지는 두 번째입니다. 아무리 십일조를 많이 하고 전도를 해도 믿음이 없으면 교회에서는 집사 직분을 주는 것을 재고해야 합니다. 교회 직분은 성도들 위에 군림하거나 자랑하라고 주는 것이 아니라 도리어 섬기라고 주는 것입니다. 특히 집사는 봉사와 재정 관리 등 교회의 자질구레한 일을 맡는 직분입니다.

  교회가 빚더미에 있는데 담임목사가 에쿠스 풀 옵션을 타고 다닌다는 것은 있을 수 없는 행위입니다. 그 대형차를 팔아서 교회 빚을 얼마라도 갚고 목사는 소형차나 교회 승합차를 타고 다니는 것이 올바른 행위입니다. 에쿠스를 타려면 유지비용도 만만치 않은데 어떻게 그런 차를 타고 다니는지 도무지 이해가 가지 않습니다. 목사가 아니고 삯꾼 목자라는 증거가 될 것도 같습니다. 노회 활동을 열심히 한다고 하니 정치 목사라고 부를 수도 있을 것 같고요. 누군가는 노회 활동도 해야 하지만, 대개 과하게 활동하는 목사치고 올바르게 목회하는 목회자를 만난 기억이 없습니다.

저는 장로교 목사지만, 본받을 것이 많으므로 감리교 목회자 윤리강령을 소개합니다.

> 6. 우리는 하나님의 거룩한 청지기로서 청렴하고 검약한 삶을 살아 교회의 덕이 되도록 노력한다.
> 1) 우리는 교회재정이 투명하고 적법하게 운용되도록 지도 감독한다.
> 2) 우리는 금전거래에 있어서 신중하고 개인적으로는 채무를 지지 않으며 공적인 채무는 신속하게 변제한다.
> 3) 우리는 금주, 금연 등 절제운동에 앞장서며 인터넷 악용, 투기적 오락과 불건전한 운동 등을 배척한다.
> 4) 우리는 분수에 넘치는 의복, 식사, 주택, 자동차, 사례비 등을 자제하고 근검절약하는 생활에 앞장선다.

교단에 상관없이 모든 목사님이 귀담아듣고 실천해야 할 윤리덕목입니다. 따라서 담임목사님이 이런 윤리강령에 입각해 올바르게 행동한다면 말씀에 순종할 수 있지만 그러지 않으면 그 말씀에 순종하기 어렵습니다. 아무리 말씀을 들으려 노력해도 허공을 맴

도는 메아리가 될 테니까요.

　교회 생활을 열심히 그리고 잘한다고 구원을 받는 것은 아닙니다. 돈이 없어도 십일조를 하지 못해도 선행이나 공로가 없어도 구원을 받습니다. 지금 당장 죽어도 천국에 가서 영원히 살고 안식을 누릴 길이 있습니다. 제가 도와드리겠습니다. 오늘 오전 10시경 전화를 드릴 테니 마음 놓고 기다리십시오. 하나님은 성도님과 함께 하십니다. 예수님이 성도님을 위해 울고 계십니다. 저도 함께 안타까워하며 기도합니다.

　후담입니다. 며칠 동안 계속 전화를 했는데 전화기가 꺼져 있었습니다. 혹시 중환자실에 입원했거나 돌아가신 것은 아닌가 하는 좋지 않은 느낌이 듭니다. 만약 돌아가셨다면 하나님이 그 영혼을 받아주시길 기도합니다.

14

말씀과 기도를 매일 한 시간씩 하라는
엄마 때문에 힘들어요

Q 엄마가 여대생 시절부터 지금까지 수십 년 신앙생활을 해왔지만 그동안은 껍데기 신앙이었다고 합니다. 말씀과 기도를 매일 한 시간씩 하라면서 말씀 구절을 보내주십니다. 저처럼 말씀과 기도를 적게 하면 큰일이 난다고 하면서 잔소리와 간섭이 너무 심해요. 그냥 제 방식대로 말씀과 기도를 하면서 지내도 될까요? 엄마의 사랑을 알면서도 믿음생활을 하기가 너무 어렵습니다.

A 자매님을 참으로 사랑하고 아끼는 좋은 엄마를 두셨군요. 자식이 환갑이 되어도 부모에겐 어린아이처럼 보인답니다. 성장한 자녀를 온전한 하나의 인격체로 인정하고 대우하는 부모는 그리 흔치 않습니다. 저도 노력하지만 쉽지 않습니다. 저도 돌아가신 모친이 제게 두세 번만 반복해서 말하면 싫어했습니다. 그런데 똑같이 마흔 살 안팎인 두 아들에게 잔소리하다가 당하고 있습니다(웃음).

엄마가 매일 말씀 구절을 보낼 수는 있지만, 강요하지는 않아야 합니다. 사람에겐 누구나 기다리는 시간이 필요합니다. 어릴 때 보이지 않던 것들이 키가 크면 저절로 보일 때가 많습니다. 그렇게 넓고 크게만 느껴졌던 초등학교 운동장이 성장해서 바라보면 참으로 작게 느껴지는 이치와 비슷합니다. 자신의 어리석은 과거를 밟지 않게 하려는 엄마의 선한 의도는 알지만, 누구에게나 때가 있는 법입니다(전도서 3:1~8). 기다려주었으면 하는 아쉬움이 있습니다. 그런데도 부모는 대부분 기다리지 않습니다. 아니, 기다릴 마음의 여유가 없습니다. 참으로 풀기 어려운 숙제요 과제입니다. 참고 기다려주는 부모가 아쉽습니다.

엄마처럼 성경을 많이 읽고 기도(회개 기도 포함)를 많이 한다고 해서 하나님을 반드시 사랑하고 좋은 신앙을 가졌다고 말하기는 어렵습니다. 한국교회는 전통적으로 말씀과 기도를 강조해왔습니다. 말씀을 많이 읽고 기도만 많이 하면 좋은 믿음을 가졌다거나 구원을 받은 그리스도인의 징표로 삼아온 것이 사실입니다. 그러나 그렇지 않습니다. 성경말씀을 읽고 이해하기 쉽습니까? 이 질문에 "예"라고 답하는 사람이 있다면 경계해야 합니다. 이단이나 교주 기질을 지닌 사람들이 그런 말을 하니까요.

이웃(부모자식, 형제자매도 포함)을 사랑하고 배려하는 생활 예배도 실천하지 못한다면 그런 신앙은 별 가치가 없습니다. 교회 안에서만 좋은 신자이고 세상에서는 세상 사람처럼 제 마음대로 사는 신자들이 한국교회에는 너무 많습니다. 이것은 반쪽짜리 믿음을 가지고 있다는 명백한 증거라고 볼 수 있습니다. 성경을 1년에 3~4독, 아니 10독을 한다는 사람들을 만났습니다. 그러나 그들은 자기의 의 또는 의로움이나 영광(자랑이나 아름다움)을 드러내기 위함이라고 보는 것이 옳을 것입니다.

어떤 목회자가 하루에 기도를 3~4시간 한다고 하면서 영적인 사람이라고 따라다니는 신자들도 있습니다. 그런데 그 목회자가 얼마나 욕심을 부리고 비윤리적으로 사는지 아는 사람은 많지 않습니다. 심지어 그런 삶을 사는 목회자를 보고 거룩한 욕심이요 거룩한 삶이라고 인정하는 무지한 신자들도 있습니다.

구원받은 성도는 말씀과 기도하는 내용처럼 살려고 노력하고 애씁니다. 그러지 않으면 어린 신앙이거나 거짓 믿음일 수도 있다는 뜻입니다. 자매님의 엄마를 그런 신앙인이라고 생각하지는 않지만, 자매님이 판단할 수 있습니다. 만약 엄마가 삶 속에서 이웃(자매님도 포함)을 사랑하며 배려하지 못하고 욕심을 부린다면 문제가 있다고 볼 수 있습니다.

예를 듭니다. 올바른 신앙을 지닌 그리스도인은 자녀를 노엽게 하지 않습니다. 모든 부모들은 에베소서 6장 4절 말씀처럼 자녀를 노엽게(화나게) 하지 않아야 합니다. 지금 엄마는 자매님을 화나게 하고 있지 않나요? 올바른 믿음과 구원을 받은 신자는 구원의 열매로서 아름다운 말과 선행을 합니다. 선한 삶을 살려고 노력합니다. 하나님 곁으로 갈 때까지 기나긴 성화의 삶을 살아갑니다.

목사인 저도 성경이 언제나 꿀송이처럼 달고 맛있고 기도할 때 마냥 기쁜 것은 아닙니다. 때로는 귀찮고 싫습니다. 특히 몸이 아프고 피곤하면 성경을 읽기가 무척 어렵습니다. 그냥 읽는 것은 쉽지만 깊은 뜻을 이해하고 묵상하기는 어렵습니다. 또 개역개정성경이 무슨 말을 하는지 도무지 이해하기 어려운 경우가 부지기수입니다. 기도도 허리가 아파 앉아서 하기가 힘들어 그냥 누워서 기도하다가 잠이 드는 경우도 많습니다.

성경을 많이 읽고 기도를 하는 신자(대개 권사와 장로)들은 그렇게 하지 못하는 신자들을 정죄하는 경향이 있습니다. 자신의 올바른(?) 신앙을 자랑하고 싶고 우위(?)에 서 있다는 것을 증명하고 싶어 합니다. 이것은 자신의 의(의로움)를 드러내는 잘못된 신앙일 가능성이 많습니다. 주야장천 성경을 읽고 기도를 많이 하는 것도 중요하지만, 더 중요한 것은 성경의 의미를 깨닫고 세상 속에서 말씀대로 살아가는 것입니다. 실천하는 것입니다. 기도를 많이 하고 오래 하는 것도 중요하지만, 더 중요한 것은 말씀대로 살려고 노력하는 것입니다. 가난하고 소외된 이웃을 사랑하고 배려하는 것, 하나님 나라의 의와 평강과 희락을 이 땅(가정, 회사, 사회 등) 위에서 실천하며 사는 삶이 더욱더 중요합니다.

머리로는 성경이 이해되지만(이것도 쉽지는 않습니다) 가슴까지 내려오는 데는 10년, 30년이 걸리거나 평생 이루어지지 않는 신자들도 있습니다. 부모가 자식을 아무리 사랑해도 그 사랑을 느끼지 못하는 자식이 있는 것처럼 말이지요. 대개 자신을 낳고 길러준 부모가 돌아가시고, 자기 속을 썩이는 자식을 낳고 키울 때 부모의 사랑을 기억하는 경우가 많습니다. 그러므로 말씀이 송이꿀보다 더 달게 느껴지게 해달라고 기도하십시오. 하나님이 들어주실 수도 그러지 않으실 수도 있습니다. 기도의 주체는 하나님이시므로 들어줄지 말지는 하나님 마음입니다.

제가 드리는 말씀이 이해하기 어려울 수도 있습니다. 기도할 때도 항상 즐겁지 않고, 때로는 마음이 슬프고 괴로울 때도 있습니다. 하나님께 한마디도 못 하고 울 때도 있습니다. 하나님을 원망하고 탄원할 수도 있습니다. 그런데 간혹 기도하지 않아도 하나님이 이루어주시는 경우도 있습니다. 때로는 미리 알아서 이루어주시기도 하고요. 참 쉽지 않지요?

연로한 엄마가 집사님보다 더 오래 살기는 매우 어렵습니다. 사람의 명은 그리 길지 않습니다. 오래지 않아 더 이상 이 세상에 존재하지 않을 때가 온다는 뜻입니다. 언젠가 엄마의 잔소리와 간섭이 그리워지는 날이 올 것입니다. 하지만 그때는 이미 늦습니다.

15

목사가 되려면 무엇을 어떻게 준비해야 하나요?

Q 올해 중학교 2학년입니다. 『목사님 궁금합니다』 1, 2, 3권을 생일 선물로 샀습니다. 제 꿈은 목사입니다. 제 꿈을 꼭 이루고 싶습니다. 목사가 되려면 무엇을 해야 하고, 지금은 무엇을 실천하는 것이 좋을까요?

A 안녕하세요. 너무 반갑고 기뻐서 눈물이 났습니다. 왜냐고요? 제 손자가 중학교 2학년이에요. 그래서 더 반갑습니다. 마치 제 손자에게 이야기하는 것 같습니다.

먹고 싶고 사고 싶은 것도 많고, 다른 책도 읽고 싶은 게 많을 텐데 제 졸저 세 권을 구입했군요. 한 권도 아니고 세 권씩이나요. 감사합니다. 책을 쉽게 쓴다고 노력했는데, 중학교 2학년이 이해하기에는 조금 어렵지 않을까 싶네요. 이해가 안 되는 것이 있으면 언제든 연락을 주세요. (나중에 답변이 온 것을 보니 책 내용이 어렵지 않다고 하고, 멘토가 되어주셔서 고맙다고 합니다. 얼마나 기특하고 영민한지 두 번 놀랐습니다.)

목사가 꿈이라고 했습니다. 그리스도인이라면 누구나 목사가 될 수 있지만, 다른 한편 누구나 목사가 될 수는 없습니다. 목사가 되려면 하나님의 소명(부르심)이 반드시 있어야 합니다. 제가 생각하기에 목사가 되겠다고 생각하는 그 꿈 자체가 소명이었다고 봅니다. 아무나 그런 꿈을 꾸지는 않으니까요. 2021년 우리나라 중학생이 희망하는 직업이 교사, 의사, 경찰관, 프로 운동선수, 군인 순서라고 하는데 어떻게 목사라는 꿈을 가지게 되었을까요? 하나님이 그런 마음을 심어주신 것이지요. 그 꿈을 잘 간직하고 키워나가길 바랍니다.

목사가 되려면 무엇을 어떻게 실천해야 할까요?

첫째, 공부를 잘해야 합니다.

신학대학교에 진학하는 고등학생들의 실력은 대부분 형편없습니다. 고등학교 열등생(하위 20% 이하)이 신학대학교에 주로 입학한다고 봐도 과언이 아닙니다. 아마도 학생이 입학할 4년 뒤에는 모든 신학대학교의 입학정원이 미달될 것입니다. 신학과가 경쟁력 없는 학과가 된다는 것이니 매우 좋지 않습니다. 일반 신자 중에도 세상 학문을 많이 배우고 똑똑하고 지혜로운 사람들이 얼마나 많은지 모릅니다. 그러므로 목사가 되려면 중·고등학교에서 공부를 잘해야 합니다. 공부하지 않는 사람은 목사가 될 수도 없고, 목사가 되어도 곤란합니다.

공부하지 않고 쉽게 목사가 되는 길이 있지만, 그런 생각은 아예 하지 마십시오. 또한 대학교 졸업 뒤 신학대학원에 입학할 때 절대로 무인가 신학대학원에는 지원하지 마십시오. 반드시 교육부에서 인정한 신학대학원에 입학해야 합니다.

둘째, 좋은 책을 많이 읽어야 합니다.

목사는 좋은 책을 많이 읽어야 합니다. 따라서 학생은 교양서적이나 신앙서적을 많이 읽기를 바랍니다. 중학생이니 세계문학전집을 읽으면 글쓰기나 논술을 할 때 많은 도움이 될 것입니다. 목사는 글을 쓰고 말을 해야 하는 직업이므로 기독교 작가들이 쓴 고전을 읽어보기를 권합니다. 『천로역정』, 『죄와 벌』, 『그리스도를 본받아』 같은 책 말이지요.

또 인문학 서적을 많이 읽으면 생각이 깊어지고 사물을 바라보는 눈이 달라집니다. 16세기에 활동한 종교개혁자들은 모두 인문학의 대가라고 해도 좋을 만큼 인문학 서적을 많이 읽었습니다. 게임하는 시간을 줄이고 인문학이나 고전을 읽으면 앞으로 삶이 많이 바뀔 것입니다. 저도 이만큼 글을 쓰게 된 이유 중 하나는 고등학교 때 한국문학전집을 많이 읽었기 때문이 아닌가 생각합니다. 만약 그때 제가 목사가 될 줄 알았다면 기독교 고전을 많이 읽었을 것입니다.

앞으로 학교에서 세계 역사를 배울 것입니다. 세계 역사는 거의 기독교 역사라 할 정도이므로 세계 역사 공부를 잘하면 기독교 역사도 배울 수 있어 좋습니다. 무엇보다 좋은 책을 많이 읽으면 인격을 쌓는 데도 큰 도움이 됩니다. 목사는 인격이나 성품도 남다르게 좋아야 하니까요.

셋째, 외국어 공부를 해야 합니다.

세상 사람들에게도 영어는 필수입니다. 영어를 모르면 바보 취급을 받는 세상입니다. 목사가 되려면 영어는 필수이고, 라틴어를 배우면 금상첨화입니다. 라틴어를 배울 수 있다면 프랑스어, 스페인어, 독어, 헬라어에도 접근하기가 매우 쉬워 불과 몇 년 안에 3~4개 외국어를 점령할 수 있습니다. 그런데 영어를 잘하려면 국어 공부를 잘해야 합니다. 국어 공부를 잘하면 영어 공부에도 도움이 됩니다. 모국어인 국어를 많이 알면 영어 표현이 자유로워지니까요. 또 한자도 많이 알면 성경을 공부하고 연구할 때 도움이 됩니다.

넷째, 성경을 읽고 공부해야 합니다.

'개역개정판'으로 성경을 읽어도 좋지만 '우리말성경'이나 '새번역'과 함께 읽기를 바랍니다. 개역개정판은 이해하기 어려운 부분이 많으니 다른 번역 성경과 함께 읽으라는 것이지요. 성경을 읽을 때는 성경 본문이 무슨 뜻인지 이해하는 것이 중요합니다. 아무 생각 없이 그냥 읽기만 하는 것은 별 의미가 없습니다. 필요한 신앙서적은 『목사님 궁금합니다』 3권, 225쪽을 참고하십시오.

다섯째, 기도를 습관화해야 합니다.

기도가 습관이 되어야 합니다. 숨을 쉴 때 호흡하려고 의식하는 사람은 없습니다. 저절로 숨을 쉬지요. 기도도 호흡과 마찬가지로 자연적으로 기도해야 합니다. 매일 눈을 뜰 때 기도로 시작하고, 자기 전에 기도로 끝내십시오. 수시로 기도하십시오. 걸어갈 때, 차를 탈 때도 기도하십시오. 짧게나마 세계, 국가와 민족, 교회, 학교, 가정, 지인 그리고 자신을 위해 수시로 기도하는 습관을 들이십시오. 이렇게 1년만 계속할 수 있으면 기도의 사람이 될 것입니다.

여섯째, 구원의 확신을 가져야 합니다.

예수 그리스도의 십자가 공로와 하나님의 은혜로 받는 구원을 믿고, 타 종교로는 결코 구원이 없다는 확신을 가져야 합니다. 앞으로 다원주의와 자유주의가 한국교회에 자리를 잡을 것입니다. 구원의 결과나 열매로서 선행이 있다는 것을, 구원의 서정(과거·현재·미래)이 있으며 반드시 성화의 과정을 걸어간다는 것을 기억해야 합니다. 이 정도는 미리 알고 신학교에 가야 합니다. 신학교에도 어떻게 구원을 받는 줄 모르는 신학생들이 적지 않으니까요.

일곱째, 진로를 결정해야 합니다.

고등학교 3학년 때 신학대학교를 갈지 일반대학교를 갈지 결정해야 합니다. 어느 쪽이 나을지는 참으로 결정하기 어렵습니다. 장단점이 있습니다. 개인적으로는 일반대학교에서 전공하고 나중에 신학대학원에 가는 것을 추천합니다. 그러면 세상을 바라보는 안목과 생각, 직업 선택의 폭이 넓어지기 때문입니다. 기독교 세계관이 올바르게 서면 목사가 되지 않고도 사회에서 그리스도인으로 할 일이 많다는 것을 알게 됩니다. 앞으로 4년 뒤 혹시 꿈과 소망이 바뀔 수도 있는데, 목사만 하나님의 일을 하는 것이 아니라 성도도 얼마든지 하나님의 일을 할 수 있다는 것을 기억하십시오.

신학대학교를 졸업하면 취업문이 좁고 어렵습니다. 사회에서는 신학이라는 학문을 인정하지 않아 취업의 길이 좁습니다. 그러다 보니 대학에서 신학을 전공한 사람들이 어쩔 수 없이 목회하려고 신대원에 입학하는 것을 흔히 봅니다. 그러면 봉급쟁이나 삯꾼 목사가 되기 쉽습니다.

일반대학교를 나오면 직업을 선택할 수 있는 폭이 넓습니다. 사회에서 세상일을 어느 정도 하다가 신학대학원에 입학할 수도 있고요. 평소에 성경과 교리 공부를 틈틈이 해두면 신학대학원에서 공부하는 데 큰 지장이 없습니다. 그러면 성도들이 세상에서 어떻게 먹고 살고 어렵게 신앙생활을 하는지 직접 경험할 수 있고, 이해도가 높아질 것입니다. 성도들에게 설교할 때 헛소리나 이상한 말을 하지 않을 수 있다는 뜻이지요.

걱정하고 염려하는 마음에서 몇 마디 더 합니다. 아마 지금도 친구들이 '목사'라고 많이 놀릴 것입니다. 아니, '먹사'라고 놀림당할 수도 있습니다. 많이 참아야 합니다. 피눈물이 날 때도 있을 것입니다. 바보라고 놀림도 당하고, 때로는 나쁜 친구들에게 돈을 뜯길 수도 있습니다. 목사는 고난의 길을 걸어가야 한다는 의미입니다.

  목사는 세상 친구와는 다른 길을 걸어가는 사람입니다. 다른 친구들이 욕을 많이 해도 나는 욕을 하거나 상스러운 말을 하지 않아야 합니다. 나를 놀리고 비웃는 친구들과도 잘 사귈 수 있어야 합니다. 멀리하거나 피하는 것이 지름길이 아닙니다. 오히려 그런 못된 친구들과도 잘 어울리고 지도할 수 있는 학생이 되어야 합니다. 대개 고등학교까지는 놀림의 대상이 되지만 대학교에 가면 그런 놀림이 많이 줄어듭니다. 하지만 술, 담배, 도박, 섹스 등 세상의 유혹이 많이 다가옵니다. 신학교에는 그런 놀림이나 유혹이 거의 없습니다.

  이 정도만 말해도 큰 그림이 그려질 것입니다. 앞으로 어렵고 힘든 일이 생길 텐데, 그때 저와 함께 세세히 풀어가면 어떨까요? 하나님이 매우 기뻐하시리라 믿습니다. 저도 학생의 앞날을 위해 기도하겠습니다.

16

목사님이 죄와 심판을 강조하는 설교를 해서 힘들어요

Q 담임목사님이 설교하는데 제 숨은 죄와 부족한 부분을 지적하는 것 같아서 마음이 찔리기도 하고 한편 불쾌하기도 합니다. 죄를 직선적으로 표현해서 적잖은 성도님들이 상처를 입고 교회를 떠났습니다. 교회에 갔다 오면 기쁨과 감사가 충만한 것이 아니라 마음이 무겁고 힘들어 기운 빠지는 일을 반복하고 있습니다.

A 먼저 한국에 복음이 들어왔을 때의 상황에 대해 알아봅시다. 100년 전 대표적 지성인 중 한 명으로 그리스도인이었던 춘원 이광수가 당시 기독교를 비판한 내용이 있습니다. 총 6개를 지적했는데, 그중 다음 2개가 마음을 아프게 합니다.

"… 3번째, ⁽중략⁾ 미신적인 신앙들이 너무 많다. 기도가 만병통치약인 줄 안다. 한민족을 계몽하자면서 미신적 신앙을 전수하니 이게 웬 말이냐? ⁽중략⁾ 6번째, 조선의 기독교는 감정적이고 개인주의적이며 신비적인 체험만을 강조한다."

100년이 지난 지금의 한국교회는 어떤가요? 이광수가 비판한 데서 별로 달라지지 않은 것 같습니다. 한국교회 강단에서는 기복주의와 성공주의 설교가 차고 넘칩니다. 감정적이고 신비로운 체험도 많이 강조하고요. 그런 설교를 해야 교인들이 좋아하고 교회가 성장하고 부흥하기 때문입니다.

그러다 보니 한국교회에서는 죄, 구원, 심판 등에 대한 설교가 많이 사라져가고 있습니다. 죄악을 강조하고 심판 위주의 설교를 하는 교회가 있다는 것은 좋은 현상이지만, 다른 문제를 낳기도 합니다. 두려움과 공포심을 조장해 신자들이 교회에만 충성하게 만드는 것이지요. 가정과 사회는 무시하는 경향이 있습니다.

죄와 심판, 위로와 소망을 주는 설교가 어느 정도 균형을 이루는 것이 가장 바람직하지만 이것이 쉽지 않은 것 같습니다. 그래서 주제 설교보다는 강해 설교를 하면 어느 정도 해결이 되리라 봅니다. 본문의 주제가 죄와 심판이면 그대로 하면 되고, 위로와 평안을 주는 본문으로는 그렇게 설교하면 될 것입니다. 안타까운 점은 성경을 전체적으로 보지 못하고 부분만 보고 평가하고 설교하는 목사님이 있다는 것입니다. 이를테면 신약은 거의 무시하고 구약 위주로 무섭고 두려운 하나님만 설교하는 경우입니다.

또한 특정 성도를 겨냥해서 설교하는 표적 설교는 올바르지 않습니다. 목사도 부족한 인간인 만큼 그렇게 설교하고 싶은 마음도 있겠지만 사랑으로 감싸고 인내하면서 설교해야 합니다. 그런데 목사가 표적 설교를 하지 않아도 성도 자신이 성령의 감동이나 양심의 가책을 느끼는 경우도 있습니다. 실제로 목사는 그런 뜻에서 한 것이 아닌데 목사의 설교가 자신을 향하는 것으로 느낄 때가 있다는 것입니다. 그런가 하면 같은 설교를 들어도 어떤 성도는 하나님이 자신에게 말씀하시고 있다면서 마음 아파하고 회개하기도 합니다. 그러므로 신자마다 차이가 있을 수 있다는 것을 반드시 기억해야 합니다.

어쨌든 일반적으로 목사는 성도가 듣기 좋아하는 말을 하는 경향이 있습니다. 성도들이 듣기 싫어하는 이야기, 특히 헌금과 교회 출석 및 봉사 등에 대한 이야기를 하면 성도가 교회를 떠나기 쉬우니까요. 목사 자신이 개척한 교회가 아니라 청빙을 받은 교회에서는 더욱더 목사가 쉬운 길을 택하기 마련입니다. 교회에 나오면 돈도 많이 벌고 출세하고 자식이 잘된다는 기복 설교와 성공 설교를 하는 것이지요. 흥미로운 것은 목사를 청빙한 장로들이 그런 설교를 요청하는 경우도 있다는 점입니다. 교회가 양적으로 성장하지 못하면 능력 없는 목사로 찍혀 쫓겨나기도 합니다.

그런 면에서 본다면 담임목사님이 잘못했다고 말할 수는 없습니다. 바른말을 하기는 했는데 단지 방법이 잘못된 것일 수도 있습니다.

목사는 성도들의 잘못이나 죄악을 지적해서 상처를 줄 것이 아니라 먼저 목사 자신에게 적용하고 화살을 겨누었어야 합니다. 목사 자신의 부족함과 무능함, 죄악을 드러냈어야 한다는 것입니다. 목사 자신이 먼저 자신의 죄나 신앙 상태를 솔직히 드러내고 마음 아파하면서 동시에 성도들의 잘못을 드러냈다면 성도들이 수긍하고 감동해서 회개했으리라 봅니다. 그러나 그렇게 하지 않고 성도들의 잘못과 문제점만 꾸중하거나 드러냈으니 상처받아 교회를 떠나는 성도가 있었을 것입니다.

  한국교회 목사들은 대개 자신의 아픈 과거와 잘못, 죄악을 숨기고 드러내지 않습니다. 신자들은 대부분 목사를 반석 위에 서 있는 믿음의 소유자이고 성령이 충만한 사람이라고 믿으니까요. 권위주의적이고 유교적인 사고방식을 지닌 목사들이 아직도 한국 교단과 교회 강단을 점령하고 있습니다. 예전보다는 나아진 것 같지만 아직도 갈 길이 멀어 보입니다. 하루빨리 반성하고 회개해야 할 것입니다.

17

무기명으로 십일조헌금을 해도 되나요?

Q 십일조 때문에 고통을 많이 당했습니다. 분명히 십일조를 했는데, 몇 개월간 십일조를 하지 않았다고 담임목사님이 부른 일이 있었습니다. 사모님은 십일조를 얼마 했느냐고 질문도 했고요. 저희 가정이 얼마나 어렵게 사는지를 하나님은 아십니다. 남편과 의논해서 무기명으로 헌금하고 있는데 괜찮을까요?

A 십일조 때문에 얼마나 당황스럽고 황당하셨나요? 또 얼마나 목사와 교회에 실망하셨나요? 제가 대신해서 사과드리고 용서를 빕니다. 그리고 집사님의 큰 믿음에 박수를 보냅니다. 저 같으면 화가 나서 다른 교회로 옮겼을지도 모릅니다. 아니면 교회를 3년쯤 출석하지 않고 가나안 신자로 남았을지도 모릅니다.

십일조를 포함한 모든 헌금의 기본 정신은 하나님의 소유를 인정하는 것입니다. 내 소유는 없고 다 하나님 것이라는 의미입니다. 십일조의 의미는 벌어들인 물질을 전부 드려야 하지만 자본주의 사회에서 생활해야 하므로 그러지는 못하고 하나님께 일부분을 바치는 것입니다. 즉, 십일조의 비율과 액수가 중요한 것이 아니라 십일조의 정신이 더 중요합니다. 10%가 없어도 살 수 있다는 각오와 믿음 말입니다.

　가난한 신자는 십일조를 하기가 어려운데, 그럼에도 십일조를 하는 것은 큰 믿음입니다. 물질이 있는 곳에 마음이 있으니까요(마태복음 6:21). 하나님이 그 마음을 보시고 복(꼭 물질적인 복은 아닐 수도 있음)을 주시리라 믿습니다. 혹시 헌금할 돈이 없으면 안타까운 마음과 슬픈 마음을 하나님께 드리십시오. 하지만 그렇다고 항상 헌금하지 않는 것도 잘못입니다. 헌금은 구약 시대로 말하자면 하나님께 바치는 제물이니까요. 한편 부자는 먹고도 남는 게 많으므로 십이조(20%)가 아니라 십오조(50%)라도 해야 합니다. 그렇게 해야 하나님의 나라를 이 땅에 이루어가고 공의를 실천하는 것이 되니까요.

　십일조를 강요하는 목사들이 있다는 것을 잘 압니다. 십일조를 하지 않으면 복을 받지 못하고, 하나님이 그 돈만큼 다른 것에서 빼앗아 가신다는 말도 거침없이 합니다. 십일조를 한다고 하나님이 복을 빼앗아 가신다면 그런 하나님은 조폭이요 깡패일 것입니다. 하지만 하나님은 불우하게 살아가는 고아와 과부와 나그네를 특별히 더 사랑하셨습니다. 그들이 어떻게 십일조를 했을까요? 그들은 도리어 십일조의 혜택을 받는 사람들이었습니다.

교적부에서 지워버린다거나 천국에 들어갈 수 없다는 비성경적 말을 하는 소수 목사들이 있습니다. 지탄의 대상이 되기에 마땅합니다. 담임목사님이 어떻게 집사님을 불러서 직접 십일조를 했느냐고 물어볼 수 있나요? 그런 것을 운운하는 것 자체가 상상도 못 할 일입니다. 인격적으로 성숙하지 못한 목사이거나 신학적으로 무지한 목사, 사모라고 보면 될 것 같습니다. 십일조를 포함한 모든 헌금은 기쁨과 감사로 자발적으로 드리는 것이니까요. 특히 자신을 교회의 주인이라고 생각하는 소수 목사가 헌금을 자기 것이라고 착각합니다. 그런 목사들은 하나님께 매우 큰 심판을 받을 것입니다.

신자가 십일조를 하지 못하면 목사나 사모는 더 마음 아파하며 기도하고, "요즘 경제 사정이 어떠냐"고 슬며시 물어볼 수는 있으리라 봅니다. 목사는 사람의 외모를 보지만 하나님은 사람의 중심을 보십니다(사무엘상 16:7). 하나님은 집사님의 형편과 사정을 잘 알고 계시니 마음을 평안히 가지십시오.

마지막으로, 헌금은 무기명으로 하는 것이 성경적입니다. 성경에 헌금자의 이름을 적었다는 기록은 없습니다. 신약에서는 헌금을 모두 헌금함에 넣었으므로 누가 얼마나 넣었는지 알 수 없었습니다(마가복음 12:41, 12:43 / 누가복음 21:1, 21:4 / 요한복음 8:20).

그렇기는 하나 무기명으로 헌금하면 교회에서는 인정을 받지 못해 권사나 장로가 되기 어렵다는 사실은 꼭 기억해야 합니다. 교회 직분과 연말정산에서 자유로울 수 있다면 무기명 헌금도 충분히 가능합니다. 사실 무기명 헌금을 하면 재정의 투명성과 확실성, 성도의 믿음 측정, 연말정산 문제, 헌금 감소 등 여러 가지 문제가 있습니다. 하지만 모든 성도님이 헌금을 무기명으로 했으면 참 좋겠습니다. 무기명으로 헌금하려는 교회와 목회자가 점차 늘어나길 소망합니다.

18

무신론자이지만 혼자 예배할 수 있나요?

Q 무신론자이지만 성경을 인생 지침서로 삼고 있습니다. 성경을 보면 하나님이 '다른 종교'나 '다른 모임'을 부정적으로 언급하신 게 많이 보입니다. 그 당시 이단과 우상 숭배가 많아 그렇겠지만, 현대에도 참종교가 무엇인지 인간의 잣대로 알 수 없기는 마찬가지입니다. 저처럼 진리를 탐구하려는 사람들이 늘어나고 있습니다. 꼭 종교나 모임에 속하지 않더라도 혼자 예배할 수 있나요?

A 참으로 대단하십니다. 이 글을 읽고 깜짝 놀라기도 하고 흥분이 되어 잠을 이루지 못하고 답변을 드립니다. 형제와 같은 분을 전문용어로 구도자seeker라 부릅니다. 참진리를 찾아 헤매는 분들로서 진리에 목이 말라 이 종교 저 종교, 이 책 저 책을 기웃거립니다. 흥미로운 것은 그분들은 대개 도덕적이고 윤리적인 삶을 살려고 노력한다는 점입니다. 아마 형제도 그런 분들 중 한 분이라고 믿습니다.

기독교는 불교나 유교 같은 타 종교와는 달리 배타적인 종교입니다. 다른 종교를 받아들이거나 인정하지 않습니다. 왜냐하면 하나님이 다른 종교에는 구원이 없다고 말씀하셨기 때문입니다. 성경은 예수님 외에는 천하에 구원을 얻을 다른 이름을 주신 일이 없다고 말합니다(사도행전 4:12). 기독교의 구원받는 방법은 다른 종교들과는 판이합니다. 불교, 이슬람교, 유교처럼 자신의 선행, 노력, 공로 등으로 구원을 얻거나 스스로 신神이 되는 종교를 기독교는 배격하니까요.

기독교는 자력으로의 구원을 반대합니다. 그 대신 타력으로 구원을 얻는다고 말합니다. 자신의 노력이 아니라 타인의 공로, 즉 예수님의 십자가 죽음과 부활을 믿음으로써 구원을 얻어 영생하는 종교니까요. 그래서 구원을 얻는 신자는 하나님과 인격적 관계를 맺은 뒤 선한 언어생활과 착한 삶을 살아가게 됩니다. 물론 그런 과정을 거치지 않거나 거듭나지 않은 신자들이 많아서 문제가 되기도 합니다.

고등 종교가 되기 위한 요건은 크게 세 가지로 신神, 경전, 올바른 삶의 가르침입니다. 그러다 보니 자신이 신이 되거나 신이 없는 종교, 올바른 삶을 가르치지 못하는 종교는 하등 종교가 됩니다. 무당, 점쟁이 같은 무속신앙과 전래 신앙 등이 이에 속합니다. 불교, 이슬람교 같은 종교는 신, 경전, 올바른 삶의 가르침이라는 요건을 갖춰 고등 종교이지만 참진리의 종교라고 말하기는 매우 어렵습니다. 그런 종교는 행위나 공로를 요구하기 때문입니다.

인간의 선한 행위나 공로에는 순수성, 결백성, 정의성이 결여돼 있으므로 올바른 행위라고 인정할 수 없습니다. 하나님은 100% 완벽하고 선한 말과 행위를 요구하십니다. 0.00001%라도 깨끗지 않거나 욕심이 있으면 선행으로 인정하지 않는다는 의미입니다. 인간은 완벽하지 못하므로 이 조건을 성취할 수 없습니다.

더욱이 선한 말과 행위를 할 시간이 부족한 환자나 노인에게 그러한 행위의 종교는 그림의 떡이 될 수 있습니다. 예를 들어 한 시간 뒤 죽을 사람에게 불교 같은 행위 구원 종교는 무가치합니다. 선한 행위나 공로를 쌓을 시간과 여건이 너무 부족하니까요. 자신의 능력과 힘이 아니라 다른 누군가, 즉 전능자의 도움에 기대는 것이 신속하고 정확합니다. 기독교가 바로 그런 종교입니다. 기독교는 전능한 존재인 하나님, 예수님을 믿고 의지해 구원과 영생을 이루는 종교입니다. 죽음이 가까운 사람에게도 구원을 내주는 종교가 바로 기독교입니다. 왜냐하면 하나님의 아들이신 예수님이 내 죄를 대신해 십자가에서 죽으시고 부활하신 것을 마음으로 믿고 입으로 고백하면 즉시 구원을 받으니까요(로마서 10:9~10). 만약 그런 말이나 대답을 할 수 없는 건강 상태라면 고개만 까닥해도 구원을 얻습니다. 얼마나 쉽고 간단한가요? 형제님도 방금 제가 한 말을 읽고 고백하면 구원을 받습니다.

하나님과 예수님을 믿는 기독교는 다른 종교의 구원을 인정하지 않습니다. 불교 같은 종교는 기독교의 구원을 인정하지만, 기독교는 불교의 해탈이나 열반을 인정하지 않습니다. 불교 같은 종교를 좋은 종교라고 생각하지만 참진리의 종교로 인정하지 않아서 배격한다는 의미입니다. 왜냐하면 진리는 하나이지 둘이 될 수 없기 때문입니다.

　기독교의 교리는 절대 진리를 고수하며 상대 진리를 수용하지 않습니다. 절대 진리를 받아들이는 사람은 누군가가 자신에게 상대 진리를 강요하면 때로는 죽음으로 순교를 받아들이게 됩니다. 이와는 달리 절대적 진리가 없는 불교 같은 종교에서는 순교자를 찾기가 가뭄에 콩나기와 같습니다.

　"종교나 모임에 속하지 않더라도 스스로(혼자라도) 예배가 가능하느냐"는 질문에는 '그렇다'와 '그렇지 않다'는 답이 모두 가능합니다. 코로나19 같은 비상사태 때, 북한이나 이슬람국가처럼 모여서 예배하는 것이 불가능할 때, 간호사나 경찰처럼 일요일에 근무하는 직종은 혼자 예배할 수 있습니다. 하지만 구도자나 초신자가 혼자 성경을 읽고 예배하면 신앙이 비뚤어지거나 잘못된 방향으로 갈 수 있습니다.

　교회에 가지 못하는 상황에 있는 분들이 소수지만 제가 섬기는 교회에도 있습니다. 그들은 교회당에는 나가지 못하지만 교회에 다니는 신자들 못지않게 신앙생활을 충실히 잘하고 있습니다. 하지만 그런 분들은 극소수에 지나지 않습니다. 대개는 교회당에 출석해 기도하고 예배하는 방법, 성경을 읽는 방법과 기독교 교리와 역사도 배워야 신앙이 올바르게 자랄 수 있습니다.

　그러지 않고 혼자 성경을 읽고 배우면 진리를 깨닫기 어려우므로 결국 내가 필요한 도덕적 부분만 읽게 됩니다. 예를 들어 형제는 현재 주로 잠언, 전도서, 마태복음이나 마가복음 정도를 읽고 있으리라 생각합니다. 그러면 진리를 깨닫기가 매우 어렵습니다.

  이제 충분히 설명드린 것 같습니다. 가까운 정통교회에서 목사님을 만나 상담하거나, 그것이 여의치 않으면 저와 상담하실 것을 추천합니다. 하나님이 형제의 마음을 움직이고 계십니다.

19

믿음생활에 회의가 들어요

Q 믿음(신앙)생활을 오래 해서 권사가 되었지만, 어떨 때는 제 믿음에 회의가 들고 무기력하다고 느낄 때가 있습니다. 불신자 친구들과 제 생활을 비교해봐도 별 차이가 없고요.

A 자신의 신앙 상태를 솔직히 고백해주셔서 감사합니다. 권사님처럼 느끼지 못하는 분들이 교회 안에는 더 많으니까요. 30~40년간 신앙생활을 했어도 믿음생활에 활력을 느끼지 못하는 신자들이 교회 안에 많다는 것을 잘 알고 있습니다. 다른 사람들이 보기에는 신앙생활을 잘(?)해서 장로나 권사가 되었지만, 정말 믿음이 있는 사람인가 의심이 들 때가 있으니까요.

그들이 어떻게 믿음생활을 했을까요? 보지 않아도 압니다. 구원의 열매나 성과가 없는 신앙생활을 했을 것입니다. 제 블로그에서도 마찬가지입니다. 그렇게 점잖게 자신의 의견을 피력하던 사람이 제가 쓰는 댓글이 마음에 들지 않는다고 조롱하거나 욕하거나 저주를 퍼

붓는 것을 보면 어리둥절할 때가 많습니다.

믿음이 좋다는 것은 무엇일까요? 기도를 많이 하거나 수시로 금식을 한다고 해서 믿음이 좋은 것은 아닙니다. 찬양하면서 마음이 뜨거워지고 눈시울이 뜨거워지는 것 같은 감정이 있다는 것도 아닙니다. 목사가 말할 때 무조건 '아멘' 하는 맹목적인 것도 아닙니다. 또한 믿음은 방언을 하고 병을 고치는 신비로운 것도 아닙니다. 제가 이렇게 말씀드린다고 오해하지 마시길 바랍니다. 기독교 믿음에는 그렇게 눈에 보이는 것들이 포함될 수 있지만 그것이 비본질적인 것일 가능성이 크다는 의미니까요.

믿음이 좋다는 것은 교회생활을 잘한다는 것일까요? 예배 참석, 십일조 생활, 봉사활동, 전도를 잘하는 것이라고 대답하는 경우가 많습니다. 그렇게 하는 목적이 세상적인 복을 받기 위해서라거나 상급이나 마음의 평안, 자기 위로와 타인의 인정을 받기 위해서라면 수용하기 매우 어렵습니다. 그런 것을 바라면서 예수를 믿는다면 굳이 매주 교회에 나갈 필요가 없습니다. 차라리 두세 달에 한두 번 사찰에 가서 부처님에게 절하거나, 아니면 스님에게 시주하고 복을 빌어달라는 것이 훨씬 경제적이고 빠른 방법일 수도 있습니다.

믿음생활을 한다는 것은 가치관의 변화를 의미합니다. 물질적이고 소모적인 세상적 가치관에서 기독교적 가치관으로 변화되는 것입니다. 황금만능주의나 소유욕에서 벗어나 자족하는 삶으로 바뀌는 것을 말합니다. 예를 들어 갭 투자를 해서라도 보유 아파트 수를 늘리고, 주식 변동에 일희일비하고, 먹고 마시는 것에 집착하는 삶은 모두 이기적인 삶이요, 그리스도인이 가져야 할 가치관에서 동떨어져 있습니다. 믿음생활을 한다는 것은 이웃(진정한 나 자신과 배우자, 부모, 자녀뿐 아니라 생면부지의 사람들)을 사랑하는 이타적 삶으로 변화되는 것을 말합니다.

이렇게 변화된 삶을 살지 못하면 그리스도인의 삶은 무의미해지고 무기력해지기 쉽습니다. 신자들이 사는 방법과 가치관에서 아무런 차이를 느끼지 못한다는 말을 불신자 친구들에게 많이 듣습니다. 그들이 신자들을 욕하는 것을 듣다못해 자리를 뜨고 싶을 때가 한두 번이 아닙니다. 특히 비난은 목사와 장로에게 집중됩니다. 거듭나기 전의 제 과거를 말하는 것 같아서 반박도 하지 못한 채 속만 상합니다.

제가 신자들에게 아무리 후한 점수를 줘도 불신자와 점수 차이가 별로 없는 것을 보고 스스로 놀라기도 합니다. 불신자들과 마찬가지로 다른 사람을 속이고, 미워하고, 질투하며, 적당히 먹고 마시며 즐기는 삶을 사는 그리스도인들이 너무 많습니다. 신자와 불신자 사이에 차이가 별로 없습니다.

그러면 그리스도인으로서 정체성과 중요성을 잃게 됩니다. 사회에 아무런 영향력도 미치지 못하는 그리스도인으로서 무기력하고 답답한 삶을 살아가게 됩니다. 소금과 빛의 역할은커녕 도리어 발에 짓밟히게 됩니다. 그렇기는 해도 "꿩 잡는 것이 매"라고 죽어서 천국에만 가면 된다고 자기 마음대로 막사는 한심한 신자들도 없지는 않습니다. 그런 사람들이 정말 천국에 들어갈까요?

신자라면 반드시 세상에 선한 영향력을 미쳐야 합니다. 그래야 믿음생활에 활력이 생기고 힘이 붙습니다. 사회에 미치는 선한 영향력을 이야기하면 거창하게 생각하는 분이 있는데, 꼭 그렇지는 않습니다. 작은 것도 많습니다. 예를 듭니다. 엘리베이터를 타고 내릴 때 다른 사람이 먼저 내리고 타게 양보하는 것, 마트에서 계산할 때 바쁜 사람에게 양보하는 것, 사회적 약자에게 따뜻한 말 한마디 건네는 것, 나라와 민족을 위해 기도하는 것, 미얀마와 아프가니스탄을 위하여 기도하는 것 등 아주 많습니다. 기도에 무슨 힘이 있느냐고 말하는 신자가 있을지도 모릅니다. 그런데 기도는 내가 하지만 응답의 주체는 하나님이십니다. 기도에 힘이 없다고 느끼지 마십시오. 저는 기적이 자주 일어나는 것을 봅니다.

의도적으로 선한 일을 많이 하십시오. 돈이 없어도 선한 일을 많이 할 수 있습니다. 가난하고 소외된 이웃을 향한 따뜻한 위로의 말이나 행동도 필요하고, 적은 후원금이나마 보내는 것도 필요합니다. 신앙생활을 아무리 오래 해도, 비록 교회 안에서 장로나 권사 직분을 가지고 있어도 타인을 위한 삶에 가치를 느끼지 못한다면 참된 믿음생활이 아닙니다.

권사님이 최우선으로 여기는 가치는 무엇인가요? 세상적인 물질이나 명예나 자랑이라면 뒤로 밀쳐버리고 기독교 가치관으로 바꾸십시오. 가치관과 판단력은 하루아침에 이루어지지 않습니다. 하나님의 도우심과 함께 내가 노력할 때, 즉 성경을 공부하고 기도하고 묵상도 하고 실천에 옮길 때 조금씩 이루어집니다. 그래야 믿음생활에 활력이 생기고 힘이 납니다.

작은 선행이라도 많이 하십시오. 올바른 믿음 뒤에는 선행이라는 열매가 반드시 맺힙니다. 믿음생활에 힘이 없는 것은 언어, 특히 말을 포함한 개인 신앙생활에 변화가 없기 때문입니다. 물질이 없거나 시간이 없어서 선행할 수 없다면 다른 사람들과 나라와 민족 그리고 지구 가족을 위한 기도 시간을 자주 가지십시오. 그러면 믿음생활에 힘이 생길 것입니다. 해보시면 압니다.

20

믿음이 뭐예요?

> **Q** 교회에서 믿음이라는 말을 자주 사용합니다. 믿음이 도대체 뭔가요? 믿음이 부족하다는 말을 들을 때면 참 답답합니다.

A 믿음 또는 신앙은 한마디로 정의하기가 어렵습니다. 그나마 믿음의 대상과 내용을 잘 정리한 것이 '사도신경'입니다. 하나님 아버지, 예수 그리스도 구세주, 성령님, 교회, 부활, 영생에 대한 믿음입니다. 사도신경은 그런 믿음을 입으로 고백하는 것입니다. 그런데도 사도신경에는 성경이 그대로 표현되어 있지 않다거나, 모순점이 있다거나, 가톨릭에서 사용한다고 거부하는 신자들이 간혹 있어서 안타깝습니다.

많은 신자가 믿음이란 증거가 아니라 단지 나의 의지와 생각대로 이루어지는 것이라고 이해하고 있습니다. 내 생각과 의지대로 이루어진다고 강하게 믿으면 좋은 믿음이라 하고 그러지 않으면 믿음이 부족하다고 합니다. 하지만 성경적인 믿음은 하나님이 신실하시고 의지할 수 있는 분임을 내가 믿는 것입니다.

믿음을 간단하게 설명합니다. 믿음은 내가 다른 사람을 믿고 신뢰하고 의지하는 것과 비슷합니다. 내가 다른 사람을 믿는다고 말할 때는 어떤 사람이 정직하고 신뢰할 만할 때입니다. 그러려면 시간과 증거가 필요합니다. 저도 처음에 아내를 만났을 때는 신뢰하지 못했습니다. 그의 성격과 인생관과 가치관을 아는 데 오랜 시간이 걸렸습니다. 하지만 그를 자주 만나면서 인생의 남은 부분을 함께할 믿음직한 사람이라고 결론을 내렸습니다.

하나님에 대한 믿음도 이와 비슷합니다. 하나님은 그분이 얼마나 신실하신 분인지 우리가 알기를 원하십니다. 하나님은 믿고 의지할 만한 성품을 우리에게 보여주시며 믿음을 소유하길 원하셨습니다. 예를 들면, 하나님은 이스라엘 백성을 애굽에서 탈출시켜 광야로 이끌기 전에 열 가지 기적을 보여주셨습니다(출애굽기 7~14장). 하나님은 무조건적인 충성을 요구하기보다는 모세를 통해 기적을 보여주셨고, 따라서 이스라엘 백성은 하나님을 향한 이성적 믿음을 가질 수 있었습니다. 하나님은 백성들이 하나님과 그의 종 모세를 믿을 수 있도록 기적을 베푸셨습니다(출애굽기 14:31). 물론 그들은 죄성과 타락으로 인해 하나님을 믿지 못하고 다시 애굽으로 돌아가기를 원했지만 말이지요.

하나님은 사람들이 자신을 신뢰할 수 있게 신약성경에서도 자주 기적을 보여주셨습니다. 예수님도 중풍 병자를 고치기 전 "그러나 인자가 땅에서 죄를 용서하는 권세가 있는 것을 너희에게 알려주겠다"고 말씀하셨습니다(마태복음 9:6).

예수님은 자신에게 하나님께로부터 온 권세가 있다는 것을 말하기 위해 병자를 고쳐주셨습니다. 예수님은 구약에서 약속한 메시아(구세주)이심을 보여주기 위해 표적을 행하셨습니다.

사도 요한은 예수님이 행한 기적을 기록한 이유를 이렇게 표현합니다.

> 예수께서 제자들 앞에서 이 책에 기록되지 아니한 다른 표적도 많이 행하셨으나 오직 이것을 기록함은 너희로 예수께서 하나님의 아들 그리스도이심을 믿게 하려 함이요 또 너희로 믿고 그 이름을 힘입어 생명을 얻게 하려 함이니라
>
> _ 요한복음 20:30~31

요한복음을 기록한 목적은 예수님이 하나님의 아들이심을 밝히고 그를 믿어 영생을 얻게 하려는 데 있습니다. 기적 신앙은 신자의 신앙을 성장시키지 못할 때가 많습니다. 예수님은 갈릴리 가버나움에서 백부장의 하인과 베드로 장모의 열병을 고치고, 두 시각장애인과 청각장애인을 고치는 기적을 보였습니다. 하지만 사람들은 예수님을 믿지 않았습니다(마태복음 11:20).

믿음이란 우리가 한 번만 경험하는 것이 아닙니다. 우리는 매일매일 믿음이 필요합니다. 믿음은 자라납니다. 하나님이 하늘에서 행하

시는 어떤 커다란 사역, 이를테면 창조와 구원을 믿는 것이 믿음이라고 생각한다면 잘못일 수도 있습니다. 차라리 믿음은 하나님이 매일매일의 일상에서 보여주시는 작은 일들을 믿고 신뢰하는 것이 되어야합니다. 바람이 불고, 비가 오고, 해가 뜨고 지는 것에서부터 시멘트 블록 사이에서 피어나는 작은 꽃에서까지 하나님을 발견하고 믿어야합니다.

하나님은 우리가 관심을 가지는 모든 것에서 순간순간 그를 믿고 의지하고 신뢰하길 원하십니다. 아침에 눈을 뜰 때, 길을 걸어갈 때, 내리는 비와 눈을 바라보며 하나님이 살아 계심을 믿어야 합니다. 사업장에서 일하면서, 아이의 웃음에서 하나님을 발견하고 신뢰해야 합니다. 하나님은 우리가 잘못된 길로 가지 않도록 안내하는 잘 훈련된 여행 가이드와 같습니다. 우리는 하나님의 아들인 예수 그리스도를 따라가고 신뢰할 수 있습니다. 왜냐하면 예수님은 가장 지혜롭고 강력하며 능력 있는 분이시고, 우리를 언제나 사랑하시기 때문입니다.

나는 하나님 아버지를 얼마나 신뢰하고 의지하나요? 나와 같은 심성을 가지고 먹고 마시며 아프고 힘든 사람들을 위로하며 함께하셨던 예수님을 얼마나 의지하고 신뢰하나요? 내 마음속에 늘 내주하고 계시며 나를 위해 기도하시는 성령 하나님을 얼마나 믿나요?

이것이 믿음입니다.

21

믿음이 흔들리는데 어떡하나요?

Q 담임목사님이 믿음이 흔들리지 않아야 한다는 말씀을 자주 하십니다. 믿음이 흔들리면 큰일이라고 하는데 저는 가끔 흔들립니다. 어떡하면 되나요?

A 믿음은 내 마음대로 가지지 못합니다. 하나님의 선물이니까요(로마서 12:6 / 고린도전서 12:9 등). 굳센 믿음, 강한 믿음, 큰 믿음이 필요하다는 것은 인정하고 동의할 수 있습니다. 그런데 흔들리는 믿음이 잘못되었다는 것은 아무리 생각해도 공감하기 어렵습니다. 흔들리지 않는 믿음은 어떤 것일까요? 폭풍이 몰아치고 눈보라가 불어도 꿈쩍하지 않는 믿음을 말할까요? 사랑하는 부모, 자식, 배우자가 사고나 질병으로 죽어가도 항상 기뻐하고 감사하는 신앙일까요? 화재나 사기로 전 재산을 잃어도 '허허' 웃는 것일까요?

이혼을 당하고 사업이 망하고 직장을 잃어도 고민하거나 걱정하지 않고 감사하는 것을 흔들리지 않는 신앙이라고 생각하기 쉽습니다. 이럴 때 저는 주저 없이 말하고 싶습니다. 천만의 말씀! 그것은 맹신이라고요. 신자를 시험에 들게 하거나 죽일 수 있는 신앙이라고요. 어떤 사람들은 "믿음은 흔들리지 않아야 한다"면서 가뜩이나 흔들리는 믿음을 지닌 신자를 3류 신자로 만들어버립니다. 그러고는 기도만 하고 말씀만 읽으라고 합니다(물론 이런 제안이 옳긴 하지만, 사실 별로 도움은 되지 않습니다). 실제로 어떻게 해결하라고 방법을 알려주거나 해결 도구도 알려주지 않습니다. 기껏해야 기도원에 가라고 하거나 새벽기도회에 나오라고 합니다.

그렇게 하면 흔들리는 믿음이 흔들리지 않을까요? 어느 정도는 수긍하지만 얼마 지나지 않아 또 믿음이 흔들리기 마련입니다. 뿌리와 줄기는 그대로인데 열매가 달라질 리 만무합니다.

아버지가 돌아가셔도 좋다고 장례식장에서 웃고, 아내가 죽어도 히죽히죽 기뻐하는 신자가 있습니다. "항상 기뻐하라", "범사에 감사하라"는 말씀을 잘 지키니 교회에서는 믿음이 좋다고 칭찬이 자자합니다. 정말 그럴까요? 그런 것이 믿음이 좋은 것인지 큰 믿음인지 저는 동감하기 매우 어렵습니다. 예수님도 절친한 나사로가 죽은 것을 보고 눈물 흘리셨다는 사실을 모르는 것 같습니다(요한복음 11:35).

어제는 '사랑의 원자탄'이라는 별명을 가진 손양원 목사님의 일대기를 그린 영화를 보았습니다. 손 목사님이 잃어버린 두 아들을 두고도 9가지 감사를 했다면서 굳세고 흔들리지 않는 신앙을 칭찬하는 사람들이 많습니다. 장녀 손동희 권사님은 그런 아버지가 미웠다고 솔직히 고백합니다. 아버지 손 목사님이 나중에 두 아들의 죽음을 몹시 슬퍼하는 장면을 우연히 목격하고 오해를 풀기는 했지만요.

그리스도인은 너무 기뻐하지도, 너무 슬퍼하지도, 너무 비관하지도 않습니다. 우리의 궁극적인 소망은 이 땅에 있지 않으니까요. 그렇기는 하나 이 땅을 무시하지도 않습니다.

목사라고 믿음이 흔들리지 않는다는 보장은 없습니다. 저도 가끔은 믿음이 흔들립니다.

"내가 지금 믿고 있는 하나님이 살아 계실까?"

"하나님이 다른 사람은 사랑하시는데 왜 나는 사랑하지 않고 내버려두실까?"

"왜 나에게는 이렇게 병이 많을까?"

"기독교가 참생명을 주는 진리의 종교일까?"

하나님의 존재와 성품, 사랑에 대해 의문과 의혹이 생깁니다. 저만 그런 생각을 한다면 다행인데, 다른 목사님을 보아도 저와 비슷하다는 것을 발견합니다. 성도님들도 목사와 마찬가지이고, 어떨 때는 성도님들이 목사보다 흔들림 없는 것을 보고 놀라곤 합니다.

그런데 대형 교회 목사, 유명한 목사, 부흥강사는 대개 믿음도 흔들리지 않는 것 같습니다. 그들이 하는 설교를 들어보면 반석 위에 서 있는 믿음으로 보입니다. 제가 보기에는 솔직하지 않거나 정직하지 않아서일 것이라고 추측합니다. 그래서인지 그런 분들의 설교를 들으면 감격이나 감동이 거의 없습니다. 한국인의 속성으로 속을 보이지 않고 위장하는 것이거나 체면치레로 그럴지도 모르지만 말입니다.

성경에서도 믿음이 흔들리는 신앙의 선배를 봅니다. 아브라함, 야곱, 모세, 다윗, 엘리야, 요나, 세례 요한, 사도 바울 등 아주 많습니다. 시편 기자들에게서도 흔들리는 믿음을 자주 발견하며, 하나님께 고난을 호소하고 보복을 당부하는 모습도 봅니다. 예수님도 십자가에서 "나의 하나님, 나의 하나님, 왜 나를 버리셨나이까?" 하고 절규하고 의문을 가지셨으니까요(마태복음 27:46).

믿음이 흔들린다고 고민하지는 마십시오. 신앙은 그렇게 흔들리면서 성장하는 것이니까요. 다만 흔들림에서 벗어나는 방법을 아는 것이 중요합니다. 제 경우는 그런 의문과 의혹에서 벗어나는 시간이 짧은 편입니다. 불과 몇 초, 길게는 몇 분 안에 벗어납니다.

어떻게 굴레에서 벗어날까요? 과거를 생각하고 기억하는 것입니다. 지금까지 나와 함께하셨던 하나님의 은혜와 응답을 글로 기록한 노트, 자연의 섭리, 현재 자신의 육체나 정신 등을 기억하는 것입니다. 가장 좋은 것은 기도한 내용을 기록해 남기는 것입니다. 기도 날짜와 기도 내용, 응답 내용과 응답 일자를 기록하시길 바랍니다. 한 달만 기록해도 응답이 많이 이루어졌다는 것을 알 수 있습니다. 그 뒤 믿음이 흔들릴 때마다 그 노트를 펴십시오. 그러면 믿음이 회복될 것입니다.

참믿음은 갈대 같습니다. 아니 오뚝이라고 할까요? 비록 흔들릴지라도 부러지거나 꺾이지는 않습니다. 오! 아름다운 흔들림이여!!!

22

부끄러운 구원과 상급이 있나요?

> **Q** 천국에는 부끄러운 구원도 있다는데, 어떤 구원을 말하는 건가요? 천국에서의 상급도 알고 싶습니다.

A 두 가지를 질문하셨습니다. 부끄러운 구원과 상급입니다.

첫째, 부끄러운 구원입니다.

부끄러운 구원도 분명 구원입니다. 부끄러운 구원이 있다고 주장하는 사람들은 대개 다음 성경말씀을 언급하는데, 저는 동의하기 어렵습니다.

> 만일 누구든지 금이나 은이나 보석이나 나무나 풀이나 짚으로 이 터 위에 세우면 각 사람의 공적이 나타날 터인데 그 날이 공적을 밝히리니 이는 불로 나타내고 그 불이 각 사람의 공적이 어떠한 것을 시험할 것임이라 만일 누구든지 그 위에 세운 공적이 그대로 있으면 상을 받고 누구든지 그 공적이 불타면 해를 받으리니 그러나 자

신은 구원을 받되 불 가운데서 받은 것 같으리라

_고린도전서 3:12~15

그들은 예수를 믿어 구원을 받았는데 헌금, 봉사, 전도 등의 신앙적 행위나 열매가 부족한 사람들은 죽어서 간신히 천국에 들어간다고 주장합니다. 때때로 부끄러운 구원을 개털 모자에 비유하기도 합니다. 이 땅에서 주님과 교회를 위해 열심히 봉사하고 사역한 신자들은 천국에서 면류관을 받고, 그러지 못한 신자들은 개털 모자를 쓴다는 것이지요.

그런 주장은 비성경적입니다. 헌금이나 봉사 같은 신앙 활동을 조금 한다고 초가집에 살고, 많이 한다고 궁궐에 살지는 않습니다. 예수님 옆에 있던 강도는 아무것도 한 일이 없어도 예수님과 함께 낙원에 있으니까요(누가복음 23:43). 이때 예수님은 궁궐에 살고 강도는 초가집에 산다고 말씀하시지 않습니다. 도리어 천국에는 각종 금, 옥, 보석, 진주로 완성된 집이 있습니다(요한계시록 21:10~21).

킹제임스성경은 요한복음 14장 2절에서 "내 아버지의 집에는 맨션이 많이 있다(In my Fathers's house are many mansions.)"고 마치 천국에 '맨션'이 있는 것처럼 잘못 번역했습니다. 이후 어떤 목사들이 천국에 맨션도 있고 초가집도 있다고 주장하게 된 것입니다. 더 중요한 것은 천국에 차별이 있다면 그곳은 더 이상 천국이 아닐 것이라는 점입니다.

결론적으로, 예수를 구세주로 믿어 생명책에 기록된 사람들은 모두 천국에 들어간다는 것만 기억하면 됩니다(요한계시록 21:27). 부끄러운 구원은 없습니다. 설사 있다고 해도 그런 말에 휘둘리거나 신경을 쓰지 않기를 바랍니다.

둘째, 상급입니다.
천국에서 받는 상급은 별로 중요하지 않습니다. 천국에 입성하면 그 자체로 충분하지 않을까요? 천국에서 작은 자면 어떻고 큰 자면 어떤가요? 천국에 들어갔으니 그것으로 되었지 않느냐고 도리어 질문을 드립니다.

올림픽 경기에서 어쩌면 가장 행복해하고 기뻐하는 사람은 동메달 수상자입니다. 은메달 수상자가 때로 머리를 수그리고 불만족스러운 표정을 짓는 것을 봅니다. 금메달을 따지 못해 불만이 생길 수 있겠지요. 그런데 동메달 수상자는 메달을 받은 데 만족해 무척 기뻐하는 것을 봅니다. 동메달 수상자와 마찬가지로 천국도 그곳에 입성하면 그만입니다. 상급을 작게 받아서 불만이 생기고 질투, 시기가 생긴다면 그곳은 이미 천국이 아닙니다. 저는 1988년 올림픽 체조경기장에 가서 경기하는 것만 보고도 무척 행복했습니다. 이런 기회는 어쩌면 평생 다시 오지 않을 테니까요.

상급은 있지만 맨션이나 초가집이 아니요, 금 면류관이나 개털 모자도 아닙니다. 상급은 하나님을 이해하고 경험하는 정도의 차이일 것으로 생각합니다. 예를 들어 설명합니다. 아내는 TV로 야구경기를 함께 보면서 가끔 제게 규칙을 묻습니다. 왜 저 공이 파울이 아니라 인라인으로 안타가 되느냐고요? 축구경기를 볼 때도 왜 저런 경우가 오프사이드가 되느냐고 질문합니다. 그렇습니다. 야구나 축구도 규칙을 잘 모르면 경기를 보는 게 별로 재미가 없습니다. 그저 골을 넣고 점수를 내야 기뻐하고 안타나 홈런을 쳐야 기뻐하는 정도입니다.

가끔 야구경기장에 가면 공격뿐만 아니라 수비 위치와 수비하는 방법도 함께 보라고 조언해줍니다. 요즘 프로야구 한화 경기를 보면 수비할 때 타자에 따라 이동하는 특이한 수비 시스템을 운용하기도 하는데, 그러다가 평범한 타구를 놓치기도 합니다. 이렇게 경기 규칙과 방법, 선수의 경력과 특징을 많이 알면 알수록 경기를 보는 재미가 커지기 마련입니다.

찬양대 음악을 들을 때도 내 귀에 듣기 좋으면 그만이라고 하는 사람은 아직 음악을 모르는 사람입니다. 지휘자도 박자만 잘 맞춰 지휘하면 되는 줄 알지만 그렇지 않습니다. 음정, 박자, 음량, 속도 등 많은 것을 동시에 듣고 지휘해야 하니까요. 음악을 듣는 사람도 그런 것을 염두에 두면 참다운 감동과 감흥, 재미를 느낄 수 있습니다.

상급에 대한 또 다른 의견은 하나님이 주시는 칭찬, 상장, 상패 정도가 아닐까 합니다. 하나님이 주시는 상장이나 칭찬에 대해서는 말하지 않아도 알 테니 굳이 설명하지 않겠습니다.

천국의 상급도 하나님을 더 많이 알 때 감동이 일어나리라 봅니다. 각종 고난과 역경 속에서 선교하다가 순교해서 하나님을 만날 때와 평범하게 예수님 믿다가 평안하게 죽어서 하나님을 만날 때 하나님을 아는 깊이와 넓이는 분명 다를 것입니다.

기왕이면 상급을 받으면 좋겠지만, 상급을 바라고 신앙생활을 하지는 마십시오. 그러면 자신의 의를 주장하거나 공로 신앙에 빠질 수 있으니까요.

23

사순절을 지켜야 하나요?

> **Q** 40일 동안 하루 한 끼를 금식하고, 고기를 먹지 않고 채소만 먹어야 한다는 것이 너무 괴롭습니다. 저는 육체노동을 하므로 밥과 고기를 먹지 않고 일하면 기운이 없어서 고통스럽습니다. 그런데도 사순절을 지켜야 하나요? 사순절을 지키지 않는 교회도 있는 것 같아 혼란스럽습니다.

A 밥을 먹지 않고 사는 것이 얼마나 힘든 줄 압니다. 특히 육체노동을 하는 분들에겐 고용주가 점심 전이나 오후에 빵과 우유 같은 간식을 주기도 합니다. 그런데도 한 끼를 굶거나 채식만 하라고 한다면 기독교를 기쁨과 감사의 종교가 아니라 고난과 고통의 종교로 만들 수도 있습니다. 365일 가운데 40일을 그렇게 지낸다면 11%를 고통스럽게 지내는 것이 되고요.

기독교는 사실 기쁨과 환희의 종교이지 고난과 고통의 종교가 아닙니다. 불교나 힌두교처럼 고행이나 고난을 통해 열반涅槃이라는 구원으로 들어가는 종교가 아니라는 뜻입니다.

2023년 사순절四旬節은 2월 22일(수)부터 4월 8일(토)까지입니다. 고난주간은 4월 3일부터 8일까지이고, 부활절은 4월 9일입니다. 따라서 사순절은 부활절 전까지 여섯 번의 주일을 제외한 40일 동안의 기간을 말하며 실제로는 46일입니다. 40이라는 숫자는 고난과 시련과 인내를 상징하는 숫자입니다. 노아 홍수 때 40일간 비가 내렸습니다(창세기 7:4). 출애굽한 이스라엘 백성은 40년간 광야 생활을 했습니다(민수기 14:33). 또 예수님이 광야에서 40일간 금식한 뒤 마귀의 유혹을 받으셨다는 것과도 관련이 있습니다(마태복음 4:1).

한국교회에서 사순절이 뜨거운 감자가 된 지도 오래되었습니다. 사순절을 지키는 교단과 교회도 있고, 반대로 지키지 않는 교단과 교회가 있어서 혼란을 주는 것이 사실입니다. 진보적인 교단은 대개 사순절을 지키고 보수적인 교단은 지키지 않습니다. 예장 합동, 고신, 합신 등은 사순절을 지키지 않습니다. 반면 예장 통합, 기장, 감리회, 기하성(여의도) 등은 사순절을 절기로 지키고 있습니다. 한편, 예장 합동이나 고신에 속하는 어떤 교회는 총회의 결정을 무시하고 개교회가 사순절을 지키기도 합니다.

3세기 초까지는 교회에서 절기 기간을 정하지 않고 사순절을 이틀이나 사흘 정도 지켰는데, A. D. 325년 니케아공의회 때부터 40일이라는 기간이 정해졌다고 합니다(교회용어사전, 542쪽). 종교개혁시대를 보면 성경에 명확히 금지한 것이 아니라면 절기를 지켰던 마르틴 루터는 사순절을 준수했습니다. 그런 반면 장 칼뱅은 가톨릭교회가 사순절을 미신적으로 시행하고 공로를 세우며 금식이 하나님께 예배가 된다고 주장했기 때문에 완전히 폐지했습니다(칼뱅, 기독교강요 IV. 12).

이것으로 보아 초대교회부터 4세기까지는 교회에서 40일은 아니지만 2~3일은 사순절을 지켰으므로 사순절이 없었다고 주장하는 것은 옳지 못합니다. 사순절을 반대하는 사람들이 주장하듯 사순절을 지키는 것을 죄라고 규정하는 것도 잘못입니다. 또 사순절을 미신이라고 주장하는 것에도 매우 동의하기 어렵습니다.

사순절의 의미는 매우 아름답고 훌륭합니다. 특히 예수님의 고난에 동참한다는 뜻은 권장할 만합니다. 그렇다고 해서 고기를 먹지 않거나 한 끼씩 금식하는 것이 옳다는 주장은 수용하기 어렵습니다. 사순절을 준수하지 않으면 죄악이라고 규정하는 것도 반대합니다. 그렇게 금식하거나 경건(?)하게 살지 못하는 신자를 3류 신자로 격하시키는 것도 수용하기 곤란합니다. 그런 것보다는 세상 속에서 구별된 평소 삶의 모습이 더 중요하니까요. 쉽게 말해 그리스도인은 구원받은 사람으로서 성화의 삶을 살아가며 365일을 경건하게 지내야 할 사람들이니까요.

실제로 한국교회에서 사순절을 가톨릭교회가 지키는 것처럼 준수하는 목회자나 신자는 매우 드문 것으로 압니다. 대개 형식적인 경우가 많습니다. 교회에서도 새벽기도회에 더 자주 참석하고 성경을 읽고 묵상하며 기도하라는 정도 아닌가요? 기껏해야 하루에 한 끼 정도 금식하는 것이 고작 아닌가요? 그것도 정신적인 노동을 하는 신자들, 특히 목회자들이나 가능하지 않을까요?

사순절이 필요 없다고 주장하는 신자들은 성탄절과 부활절도 지키지 않아야 합니다. 개신교는 구약에서 명령한 유월절, 칠칠절, 장막절 같은 절기는 지키지 않으니까요(갈라디아서 4:10).

저는 사순절을 어떤 공로나 행위로써 하나님을 기쁘게 하는 것으로 받아들이지 않습니다. 그리스도인은 일 년 365일을 거룩하게 살아가야 할 사람들이니까요. 그렇다고 특정 기간을 정해서 좀 더 거룩하게 살겠다는 것을 막아서도 안 되며, 다른 날보다 더 거룩하게 살지 못했다고 죄악시하는 것도 피해야 한다고 믿습니다. 저는 사순절이 있다는 정도에 머무르고 고난주간에만 집중하는 편입니다. 고난주간에도 미디어 금식을 하지 못하고 음식도 하루 세끼를 굶지 못합니다. 고작 금요일 한 끼 정도만 금식하고 그 외에를 묵상하는 정도입니다. 금식도 일종의 공로나 행위로 비칠 수 있으니까요.

예수님도 공생애를 시작하기 전 40일간 금식하셨습니다. 그 뒤로는 먹기를 탐하고 포도주를 즐겨 마셨다고 다른 사람들이 비꼬면서 말했습니다.

> 인자는 와서 먹고 마시매 말하기를 보라 먹기를 탐하고 포도주를 즐기는 사람이요
>
> _ 마태복음 11:19

그리스도인들이 예수님처럼 공생애를 사는 것도 아니니 사순절을 지킬 필요가 있는지도 의문입니다. 굳이 문자적으로 적용한다면 우리도 예수님을 믿기 전에 40일간 금식을 해야 합니다. 아닌가요? 흥미로운 것은 40일간 금식하다가 죽은 신자들이 있다는 것입니다.

사순절 준수 여부로 다른 교회나 교인을 판단하지 않아야 합니다. 사순절을 지키지 않는다고 구원이 없는 것도 아니고, 사순절을 지킨다고 천국에서 100평짜리 맨션에 사는 것도 아닙니다. 개교회 목회자의 신학 방향과 철학으로 사순절을 생각하면 좋을 것 같습니다. 또 목회자가 뭐라고 하든 기쁨과 감사로 사순절을 지키면 좋고, 지키지 못해도 괜찮습니다.

각자 믿음대로 능력대로 형편대로 하십시오. 지켜도 그만, 지키지 못해도 그만입니다. 사순절 준수 여부가 그리스도인의 자유와 해방을 빼앗아 가지는 못합니다.

24

성경을 읽을수록 하나님을 불신하게 돼요

Q 성경을 읽을수록 상반되는 곳이 보입니다. 구약의 하나님과 신약의 예수님의 인격이 다른 것 같습니다. 시편 / 잠언과 전도서 / 욥기에서 말하는 진리는 서로 다른 것으로 보입니다. 구원의 조건에 대해 예수님과 바울의 차이도 보입니다. 따라서 성경을 신뢰하고 하나님의 선하심을 믿기 어렵습니다. 성경과 하나님을 신뢰하게 해달라고 하나님께 아무리 기도해도 해결이 되지 않고 고민만 깊어 갑니다.

A 사람은 생각하고 고민하고 의문을 가지는 존재입니다. 하나님이 사람에게 자신을 닮은 지정의(知情意)와 자유의지를 주셨기 때문입니다. 따라서 성경 속에 나타난 어떤 사건, 현상, 진리에 대해 자주 의문도 가지고 의심도 할 수 있습니다. 어쩌면 그런 생각이나 고민이 없는 맹신자들이 문제가 될 수도 독이 될 수도 있다는 것을 잘 압니다. 그래서 집사님이 오랫동안 고민해온 것이 잘못이거나 문제가

심각하다고 평가하지 않습니다. 먼저 마음의 여유를 가지고 하나님의 때와 시간을 기다리는 것이 중요합니다.

올바른 신앙을 가지는 데는 대개 오랜 시간이 필요합니다. 최소한 10년이 걸려야 기독교의 진리를 알 수 있다고 말하는 목사님들이 많습니다. 제 경우도 기독교와 성경을 어느 정도 아는 데 30년이 걸렸고, 지금도 알아가는 중입니다. 아마 죽을 때가 되어도 기독교의 진리를 다 알지는 못할 것입니다. 하나님의 말씀인 성경을 다 안다고 주장하는 사람들은 대개 이단·사이비이고 직통계시, 신비주의를 주장하는 사람들이라는 것을 기억하십시오.

말씀하신 대로 시편 / 잠언과 욥기 / 전도서에서 말하는 말씀과 진리는 다른 부분이 있습니다. 시편 / 잠언은 의인이 복을 받고 악인이 벌을 받는다는 권선징악, 사필귀정을 말하고 있는데, 욥기 / 전도서는 신정론을 말하면서도 의인이 벌을 받고 악인이 복을 받는 경우가 있다고 말하고 있으니까요. 결국 성경에서 말하는 복이란 이 세상에서의 물질적이고 가시적인 복이 아니라 천상天上에서의 복이나 비가시적인 복이라고 하는 것이 더 올바릅니다. 예수님이 산상수훈(마태복음 5~7장)에서 잘 말씀하신 내용입니다.

전도서나 잠언에서도 서로 모순되는 본문이 발견됩니다. 대표적인 본문이 잠언 26장 4~5절과 전도서 8장 12~13절의 말씀입니다. 서로 다른 말을 하고 있지요. 그런데 저는 그런 모순점들이 있어서 성경이 신뢰할 만하다고 믿습니다. 저같이 똑똑하지 않은 목사도 그런 모순

점을 쉽게 발견하는데, 현명하고 지혜로운 서기관들과 성경 복사자들이 그것을 몰랐을까요? 그들도 당연히 알았을 것입니다. 그렇지만 누구도 그런 모순점들을 수정하거나 교정하지 않았습니다. 그래서 성경이 신뢰할 만다고 말할 수 있지 않을까요?

종교개혁자들은 그런 모순점이나 의문스러운 본문을 발견할 때마다 더 정확하고 자세한 본문을 찾으려 했습니다. 그것이 안 되면 하나님의 신비와 섭리로 원인을 돌리거나, 나중에 천국에 가서 하나님께 여쭤보는 것으로 결정할 때가 많았습니다.

구약의 성부 하나님과 신약의 성자 예수님은 같은 하나님이십니다. 성부는 공의의 하나님이고 성자는 사랑의 하나님이라고 주장하는 것은 옳지 않습니다. 예수님과 사도 바울의 구원이 다르다고 느끼는 것은 자유주의자들의 성경 해석입니다. 예수님은 사랑의 복음을, 바울은 따따한 교리를 말했다고 주장하는 사람들이 있는데, 저는 이를 배격합니다. 예수님과 바울이 하는 말은 결국 같은 맥락입니다. 두 분 모두 예수 그리스도만의 구원과 하나님의 사랑과 은혜를 말하고 있으니까요. 그래서 성경을 공부하는 것도 중요하지만 먼저 교리를 공부하는 것이 더 중요하다고 저는 믿습니다.

성경 66권을 다 믿어야 구원을 받는 것이 아니므로 내가 고민하고 신뢰하기 어려운 성경이나 본문이 있으면 건너뛰어도 무방합니다. 예를 들어 저는 '아가Song of Songs'를 읽을 때마다 답답할 때가 많습니다. 제 머리로는 아무리 읽어도 한 남녀의 연애 사건으로 읽힐 뿐이니까요. 신학자들이 말하듯 하나님과 이스라엘 백성 간의 사랑, 예수님과 교회 간의 사랑 이야기로 보이지는 않기 때문입니다. 이럴 때는 고민을 해도 답이 없으므로 그냥 읽고 지나갑니다. 그렇다고 구원에서 멀어지는 것은 아니니까요.

집사님이 무엇을 고민하고 염려하는지 어느 정도 압니다만, 괜찮습니다. 하나님은 그런 집사님을 이미 잘 알고 계십니다.

여호와라 여호와라 자비롭고 은혜롭고 노하기를 더디 하고 인자와 진실이 많은 하나님이라

_출애굽기 34:6

구약의 이 성경 한 구절이 하나님의 성품을 표시하는 시작과 끝이라고 보아도 무방합니다. 구약성경을 읽을 때마다 무섭고 두려운 하나님이 나타나면 이 구절을 꼭 기억하십시오.

너무 걱정하지 마시고 계속 하나님을 알게 해달라고 기도하고 기다리십시오. 분명한 것은 예수님이 나의 모든 죄를 대신해 십자가에서 죽으시고 부활하신 것을 마음에 믿고 입으로 시인하는 것, '나는 하나님의 자녀가 되었다'는 확신이 중요합니다. 이것만 잊지 않는다면 괜찮습니다.

제 이야기를 해서 죄송합니다.

첫째, 저도 성경 속에서 많은 질문과 의문을 품었고, 심지어 모순되는 것에 실망하고 한탄하기조차 했습니다. 주석들도 찾아보았지만 답을 얻을 수 없었습니다. 할 수 없이 이 목사님, 저 목사님을 찾아다녔지만 명쾌한 답을 얻지 못했습니다. 고민만 더 생겼지요.

어느 날 원로목사님이 제게 이런 말씀을 하셨습니다.

"궁금한 게 많으십니다. 괜찮습니다. 고민하십시오. 언젠가는 알게 될 날이 올 것입니다."

그때는 머리를 갸우뚱하면서 자리를 떴지만, 목사님의 예언(?)이 역시 옳았습니다.

둘째, 어떤 두 사람이 있었습니다. 둘은 죽마고우로서 한동네에 살며 같은 교회에서 신앙생활을 했습니다. A는 하나님을 무섭고 두려운 분으로 알았으므로 하나님을 떠나지는 못한 채 원망하고 한탄하면서도 교회 마당과 근처에서 빙빙 돌며 하나님의 역사를 기다렸습니다. 하나님은 항상 함께하신다는 임마누엘 사상을 버리지 않고 끝까지 간직했습니다. 언제부터인가 신학교에 가서 신학을 공부하겠다는 말을 자주 했습니다.

B도 하나님을 무섭고 두려운 분으로 알았으므로 성경을 많이 읽으면서 구원을 얻으려고 온갖 노력을 했습니다. 십일조와 감사헌금을 빠짐없이 내고 전도하면서 교회 목사에게 충성했습니다. 그는 늘 성경말씀에 목말라 하고, 고민이 많았으며, 삶 속에서 자유로워지려고 애썼습니다. 때로는 기독교 진리와 성경을 많이 안다고 생각하고 철

학 교수나 목사들과 논쟁을 벌이곤 했습니다. A는 B 앞에서 아무 말 하지 못하고 그의 말을 경청하곤 했습니다.

그런데 말입니다. A는 교회와 세상 사이에서 방황하다가 신학을 공부하고 목사가 되었습니다. 그런 반면 믿음이 좋다고 알았던 B는 이단으로 넘어가서 약 15년간 교주에게 온갖 충성과 헌신을 했습니다. 목사가 된 A가 작년에 B를 만나서 대화해보니 신앙이 엉망진창이 되어 있었습니다. B는 다시 정통교회로 돌아왔다고 주장하는데 A는 그 말을 신뢰하기가 매우 어려웠습니다.

왜 제가 이런 말을 할까요? 때를 기다리는 것이 중요하다는 뜻입니다(전도서 3:1). 너무 초조해하거나 불안해하지 마십시오. 당장 내일 인류의 종말이 오는 것은 아니니까요.

신성모독이 될지는 모르지만, 집사님이 하나님을 신뢰하지 않아도 되고 성경을 믿지 않아도 됩니다. 그래도 하나님은 집사님과의 관계를 절대로 끊어버리지 않으십니다. 집사님이 아무리 관계를 끊으려고 하나님을 의심해도 하나님은 '너는 내 자녀'라고 말씀하십니다. 성도에게 내주하는 성령 하나님은 집사님을 떠나지 않습니다. 혹시 내가 하나님을 떠나도 돌아오기만을 기다리시는 분입니다. 집사님이 하나님을 어떻게 생각하든 성령 하나님은 집사님을 떠나지 않는다는 것을 기억하십시오.

지금 이렇게 고민하는 것이 언젠가는 해결될 것입니다. 기도하십시오. 기도는 기다리는 것입니다. 오죽하면 "기도는 노동이고, 노동은 기도이다"라는 표어가 강원도 태백 예수원에 걸려 있을까요?

기도와 노동은 땀을 흘려야 할 수 있습니다. 둘 다 편하지 않고 어렵고 힘든 일입니다.

> 하나님을 사랑하는 자, 곧 그 뜻대로 부르심을 입은 자들에게는 모든 것이 합력하여 선을 이룬다.
>
> _ 로마서 8:28 (우리말성경)

25

악인들이 당장 심판받지 않는 이유는 뭔가요?

Q 제가 근무하는 회사에 갑질을 하는 상사들이 있습니다. 은근히 비꼬고 뒤에서 수군거리면서 욕하는 것을 압니다. 왜 이런 악인들이 하나님께 심판을 받지 않을까요?

A 이 세상에는 악인들이 참으로 많습니다. 악인들이 벌이는 수법도 갈수록 교묘해지고 악랄해집니다. 법망도 슬쩍슬쩍 피해 가거나 미꾸라지처럼 빠져나가는 것을 봅니다. 말로 다 표현할 수 없이 뻔뻔하고 더럽고 냄새나는 짓을 하는 악인들을 매스컴에서 참 많이 만납니다. 얼굴은 반반하게 생겼는데 거짓말과 사기를 치면서도 잘 먹고 잘사는 것을 보면 구역질이 날 정도입니다.

그런 반면 정직하고 깨끗하게 살려고 노력하는 사람들도 많습니다. 예수를 믿지 않는 사람들 가운데서도 정직하고 이웃 사랑을 실천하며 사는 사람들이 적지 않습니다. 그들의 도덕성과 윤리성은 매우 뛰어납니다. 이른바 '법 없이도 살 수 있다'는 말을 듣는 사람들입니다. 웬만한 그리스도인들은 그들의 도덕성을 따라가기 어렵습니다.

그런데 왜 하나님은 악인들을 당장 처벌하거나 심판하시지 않을까요? 이 문제로 20년이 넘게 고민해왔습니다. 지금까지도 완전히 깨닫지는 못했지만, 깨달은 몇 가지만 함께 나누고자 합니다.

첫째, 하나님의 심판은 있습니다.

하나님의 심판은 반드시 있습니다(히브리서 9:27). 악인은 반드시 죽습니다. 한 번만 죽는 것이 아니라 두 번 죽습니다. 한 번은 코의 호흡이 끊어지자마자 지옥(신학적으로는 음부)으로 갑니다. 두 번째 죽음은 백보좌 심판을 받고 영원한 불구덩이로 갑니다(요한계시록 20:10~15). 절대로 빠져나올 수 없는 영원한 형벌인 지옥으로 갑니다. 그러나 예수를 믿는 의인은 한 번만 죽습니다. 두 번째 사망은 없고 부활만 있어 영원히 천국에서 삽니다.

둘째, 하나님의 심판은 더딥니다.

하나님의 심판은 지나치리만큼 더디고 느립니다. 하나님은 악인도 죽기를 원치 않으시고 회개하고 돌아오길 기대하십니다(베드로후서 3:9). 하나님의 노하심은 몹시도 더디고 지루합니다. 악인들의 심장이 멈출 때까지 회개하고 돌아오기를 기다리시는 자비의 하나님이시니까요. 참 답답하고 때로는 은근히 짜증도 납니다.

셋째, 나도 악인이어서 심판을 받아야 합니다.

하나님이 지금 당장 죄를 심판하신다면 저도 무사할 수 없습니다. 저도 당장 죽어야 할지 모릅니다. 하나님의 공의는 어떤 작은 죄라도 용서하지 않으십니다. 인간에게는 살인이 큰 죄인지 모르지만, 하나님에게는 '바보'라고 말하는 것도 살인과 별로 다르지 않습니다(마태복음 5:22). 그러니 지금 당장 심판하지 않는 그분에게 감사하지 않을 수 없습니다.

넷째, 하나님의 심판은 유보적이나 종말론적입니다.

하나님의 심판이 이 세상에서 당장 이루어지지 않아 속이 상할 때가 많습니다. 게다가 자식까지 대대손손 잘되는 것을 보면 울화통이 치밀어 오를 때도 있습니다. 인과응보나 응보사상이 당장 이 세상에서 이루어진다면 정말 좋겠습니다. 악인들이 재판을 통해 충분한 실형이나 종신형을 받는 것, 아니 사형을 받아서 죽는 것을 보고 싶습니다. 안타깝지만, 하나님의 심판과 저주는 이 세상에서 이루어지지 않을 때가 많습니다. 하나님은 죽을 때 심판하시니 하나님의 응보는 종말론적이거나 유보적이라고 해야 합니다.

다섯째, 하나님의 불가해성입니다.

우리의 기준과 판단으로는 하나님의 뜻과 결정을 이해할 수 없습니다. 하나님은 악인을 인간이 이해할 수 있는 수준과 상태로 심판하시지 않습니다. 도리어 하나님을 잘 믿는 사람들이나 그리스도인들, 심지어 착하게 살려는 불신자들이 더 고난과 고통을 당하게 하십니다. 욥기가 대표적인 예입니다. '악인을 심판하시지 않는 하나님은 선하신가' 하는 신정론神正論까지 나아가니까요.

어제도 한 청년이 저를 찾아왔습니다. 그리스도인이라는 신분 때문에 참고 이해하면서 회사 생활을 했던 청년입니다. 직장 상사에게 순종하라는 성경말씀을 준수하려고 무던히도 참으면서 부당한 업무지침과 명령에도 저항하지 않았던 청년입니다. 지난 4개월간 악랄하고 비열한 그리스도인 상사에게 온갖 모욕과 천대를 당하면서도 참고 버텨왔습니다. 그 상사의 갑질로 벌써 몇 명이 그의 곁을 떠났다고 합니다. 청년은 사직서를 내고 수리되기를 기다리면서도 저녁 늦게까지 근무할 만큼 성실한 사람이었습니다.

청년은 몹시 억울하다는 말을 몇 번이나 했습니다. 저도 속으로는 그 못된 상사가 앞에 있으면 침이라도 뱉어주고 싶은 심정이었습니다. 하지만 원수는 하나님께 맡기고 내가 심판하지 말자는 성경말씀으로 면담을 끝냈습니다(로마서 12:19). 더 이상 그 못된 상사와 그런 사람을 방치하는 회사를 내 마음에 품어두면 내가 죽을 수 있다고요.

고개를 푹 숙이고 집으로 돌아가는 청년의 쓸쓸한 뒷모습을 보면서 하나님께 마음속으로 외쳤습니다.

'하나님, 언제까지 기다리고 계실 건가요? 하나님! 속히 심판해주십시오.'

26

영성 훈련을 통해 성령 은사를 받을 수 있나요?

Q 권사님과 함께 영성 훈련원으로 가서 성령 은사를 받으려고 합니다. 명상 훈련이나 영성 훈련을 통해 은사가 주어진다고 합니다. 혹시 주의해야 할 것이 있을까요?

A 성령 은사는 성령 하나님이 주시는 선물이므로 사람이 어떤 은사를 구하는 것은 원칙적으로 수용하기 어렵습니다. 은사는 사람이 원할 때마다 성령님이 들으시고 보내주시는 것이 아니기 때문입니다. 성령님은 사람이 자기 마음대로 움직일 수 있는 노예나 물건이 아니라는 뜻입니다. 간혹 간절히 바라면 하나님이 성령의 은사를 주신다는 간증을 듣기도 하지만, 이는 특수한 것으로 이해해야 합니다. 누구나 원하기만 하면 성령 은사를 받을 수 있다고 일반화하는 것은 잘못입니다.

성령 은사는 다른 신자들에게 자랑하는 것도 아니고 구원을 받았다는 징표도 아닙니다. 성령 은사는 성도 개인에게 믿음의 발전이나 확신을 가져다주기도 하지만 최종적으로는 교회의 공동 유익을 위해 사용되어야 합니다.

각 사람에게 성령을 나타내시는 것은 성도 공동의 유익을 위한 것입니다.

_고린도전서 12:7(우리말성경)

방언과 같은 가시적 은사를 가진 신자들이 이 부분에서 실수하거나 간과해 교만한 것을 목격합니다. 봉사나 섬김 같은 비가시적 은사를 가진 신자를 깔보거나 무시하기도 합니다. 가시적 은사는 사탄 마귀에게 이용당해 시험에 들어서 은사가 정말 하나님이 주신 것이 맞느냐는 의심의 단계에 가기도 합니다. 결국 그런 은사는 받지 않는 게 도리어 더 좋았을지도 모릅니다.

하나님이 신자에게 주신 가장 큰 은사는 예수님을 주님으로 믿고 시인하는 것입니다. 성령의 은사가 아니고는 아무도 예수님을 주로 고백할 수 없으니까요.

그러므로 나는 여러분에게 알려 드립니다. 하나님의 영으로 말하는 사람은 아무도 "예수는 저주받은 사람이다"라고 할 수 없고 또 성령으로 말미암지 않고는 "예수는 주이시다"라고 할 수 없습니다.

_고린도전서 12:3(우리말성경)

모든 은사에는 가시적 은사뿐 아니라 비가시적 은사도 있으며, 서로 간에 차별도 없고 귀천도 없습니다(고린도전서 12:4~6). 모두 다 성령 하나님이 주신 선물입니다. 그중 가장 귀한 은사는 사랑입니다(고린도전서 13:13). 사랑이 없는 은사는 울리는 징이나 소리 나는 꽹과리에 불과해 아무짝에도 쓸모가 없습니다.

> 내가 만일 사람의 언어와 천사들의 말을 한다 할지라도 내게 사랑이 없으면 울리는 징이나 소리 나는 꽹과리와 같을 뿐입니다. 내가 만일 예언하는 은사를 가지고 있고 모든 비밀과 모든 지식을 알고 또 산을 옮길 만한 믿음을 가지고 있다 할지라도 내게 사랑이 없으면 나는 아무것도 아닙니다. 내가 만일 내가 가진 모든 것으로 남을 돕고 또 내 몸을 불사르게 내줄지라도 내게 사랑이 없으면 나는 아무 소용이 없습니다.
>
> _ 고린도전서 13:1~3(우리말성경)

성령님을 어떤 정신이나 능력으로 해석해서 영성 훈련과 개발로 이해하는 사람들이 있습니다. 그들은 영성 훈련, 기도 훈련이나 요가 같은 데 관심이 많습니다. 인도 요가 같은 것은 동네 헬스장에서도 쉽게 만날 수 있습니다. 그러다 보니 어떤 신자들은 영성 훈련원, 마음 수련원, 명상 훈련원, 호흡 수련원 같은 형태의 기도원이나 훈련원을 찾아가서 마음의 평화와 안식을 찾으려 합니다. 그런 기도원이나 수도원에서 편히 쉬며 마음의 안정과 평정을 되찾고 안식을 누릴 수는 있을 것입니다. 성경을 읽고 묵상하며 기도하는 것은 좋습니다. 때로는 밭에서 일하거나 오솔길을 걸으며 하나님이 주신 자연을 느낄 수도 있습니다.

그러나 일부 영성 훈련원에서는 내적 치료와 영성 훈련을 성령의 역사로 취급하는 경우가 있으니 주의해야 합니다. 성령님의 역사가 영성 훈련의 과정이나 결과에서 나타날 수 있다고 믿는 것은 초대교회에 나타난 성령님의 역사와 현재 나타나는 역사는 다르다고 믿기 때문입니다. 구약과 신약의 성령이 다르다고 믿는 사람들이 있듯이 초대교회와 현대교회의 성령의 역사가 다르다고 믿는 사람들이 있습니다. 그러나 이것은 잘못된 생각입니다. 성령 하나님은 불변하시므로 시대에 따라 모양이나 모습이 변화하거나 변질되지 않습니다. 성령님은 사람이 개발해서 얻을 수 있는 것도 아니고 명상이나 훈련을 통해 얻어지지도 않습니다. 만에 하나 영성 훈련이나 명상을 통해 은사가 주어졌다면 그것은 훈련에 따른 것이 아니라 성령님의 주권적인 역사라고 이해해야 합니다.

성경 읽기나 기도(개인 기도나 합심 기도)를 하는 중에 성령의 은사가 주어졌다면 수용할 수 있습니다. 그렇다고 하여 방언 받는 훈련을 한다면서 랄랄라, 할렐루야 등 특정 단어를 혀가 꼬부라질 때까지 반복하는 것은 올바르지 않습니다. 예언豫言 기도를 가르친다면서 상대방을 보고 퍼뜩 머리에 떠오르거나 보이는 것이라고 가르치는 곳도 피해야 합니다. 계시(직통계시)라고 하면서 영서靈書 행위를 가르치는 곳도 있는데, 모두 잘못입니다.

특히 어떤 은사든지 돈과 연관되면 가짜입니다. 성령 은사를 돈으로 사고팔거나 어떤 사람에게 가면 은사를 받을 수 있다는 것은 일종의 시모니즘simonism으로서 하나님께 심판을 받을 것입니다(사도행전 8:9~24).

마지막으로 3박 4일간의 영성 프로그램인 뜨레스 디아스Tres Dias, 신인합일이 될 수도 있는 렉시오 디비나Lectio Divina나 관상기도 같은 프로그램도 교회에서 승낙한 것이 아니라면 매우 주의해야 합니다. 이단, 사이비가 운영하는 곳도 있는데 구별하기가 매우 어렵습니다. 뜨레스 디아스의 경우 가톨릭교회에서는 가장 각광을 받는 평신도 영성 훈련으로 인정하고 있지만, 주요 교단에서는 이단성이 있는 프로그램으로 간주하므로 주의할 필요가 있습니다.

27

예수 재림의 징조와 거짓 사역자를 어떻게 판별하나요?

Q 예수님과 제자들처럼 귀신을 내쫓고 난치병을 고치는 사람들이 있지만 재림하신 예수님이 아니라는 것을 압니다. 이러다가 진짜 예수님이 재림하실 때 알아보지 못할까 봐 염려가 됩니다. 지금 시대를 종말이라고 부르는 사람들이 있는데, 예수님이 재림하실 시기와 재림 예수님을 어떻게 알아볼 수 있을까요?

A 아주 좋은 염려요 질문입니다. 먼저 기억해야 할 것은 귀신을 내쫓고 난치병을 고치는 사람들은 과거에도 현재에도 항상 우리 곁에 있었다는 점입니다. 그들 중 적지 않은 사람들이 교만해져서 재림 예수라고 하거나 성령 본체라고 주장했습니다.

> 그 때에 사람이 너희에게 말하되 보라 그리스도가 여기 있다 혹은 저기 있다 하여도 믿지 말라
>
> _ 마태복음 24:23

그들은 이단·사이비 교주가 되지 않으면 성도들 위에 군림하거나 돈과 명예와 권력을 챙기는 목사가 되는 경우가 적지 않았습니다. 지금도 축귀逐鬼, 예언豫言, 치유, 투시 등 이적과 기적을 보여주는 사역자들이 있지만, 그들에게 관심을 가지거나 접근하는 것은 바람직하지 않습니다. 그들은 앞으로 치명상을 입은 자신을 살리는 기적과 사람들이 보는 앞에서 불이 하늘로부터 땅에 내려오게 하는 등 매우 큰 이적을 보여줄 것입니다(요한계시록 13:3, 13:12). 하지만 그런 일은 타 종교인들이나 무속인들도 얼마든지 할 수 있습니다. 성경과 교리와 상식에 무지한 일부 그리스도인들이 그런 기적을 행하는 사람들에게 몰려들고 있는 것은 매우 안타까운 일입니다. 요즘 박○이라는 청년 신사도운동가에게 신자들이 현혹당하고 있습니다. 심지어 그는 자위행위를 하면 귀신이 몸속으로 들어간다고 합니다(웃음).

우리는 그들을 성령을 모방한 거짓 선지자라 부릅니다. 예수님도 거짓 선지자들을 경계하라고 말씀하셨습니다.

> 그 날에 많은 사람이 나더러 이르되 주여 주여 우리가 주의 이름으로 선지자 노릇 하며 주의 이름으로 귀신을 쫓아내며 주의 이름으로 많은 권능을 행하지 아니하였나이까 하리니 그 때에 내가 그들에게 밝히 말하되 내가 너희를 도무지 알지 못하니 불법을 행하는 자들아 내게서 떠나가라 하리라
>
> _ 마태복음 7:22~23

> 거짓 그리스도들과 거짓 선지자들이 일어나 큰 표적과 기사를 보여
> 할 수만 있으면 택하신 자들도 미혹하리라
>
> _ 마태복음 24:24

기적이나 이적을 보이는 은사자나 신비주의자들을 경계하라고 말하는 이유가 여기에 있습니다. 신기한 가시적 은사를 사모하는 은사주의자, 신비주의자나 신사도주의자를 우리는 경계해야 합니다. 그러지 않고 그런 기적과 이적을 좋아하면 반드시 거짓 선지자들의 밥이 되고 말 것입니다.

예수님은 승천하신 모습대로 재림하실 것입니다(사도행전 1:11). 누구나 다 재림하는 모습을 볼 것입니다(요한계시록 1:7). 한국과 시차가 거의 반대인 미국에 사는 신자들도 한국 신자들과 마찬가지로 재림하시는 예수님을 볼 것입니다. 한국에서 대낮에 재림하시면 한밤중에 자고 있을 신실한 미국 신자가 재림 순간을 놓칠 리가 없습니다. 반대 경우도 마찬가지입니다. 말세의 징조가 올 때 기적이나 이적을 행하는 사람들을 예수나 선지자라고 믿고 따라가서는 안 됩니다. 예수님이 왔다거나 성령의 본체인 사람이 나타났다는 말에 현혹되지 마십시오.

휴거 여부나 시기도 중요하지 않습니다. 휴거가 되겠다고 교회당에 갈 필요도 없고, 학업과 회사를 중단할 이유도 없습니다. 깊은 산속이나 어떤 장소에서 공동체를 이루어 살 필요도 전혀 없습니다. 그냥 각자의 자리에서 오늘 할 일을 하고 있으면 됩니다.

어떡하면 예수님 재림의 징조를 알 수 있을까요? 재림과 종말에는 어떤 일이 일어날까요? 지금부터 언급하는 일들이 반드시 일어난 뒤 재림이 일어납니다. 가장 중요한 것이 '소계시록'이라는 별명이 붙어 있는 마태복음 24장입니다.

(1) 거짓 선지자들의 출현과 미혹(4~5절)

(2) 전쟁(내전과 국가 간)과 소문, 기근과 지진(6~7절)

(3) 신자 탄압과 박해, 많은 거짓 선지자의 등장, 불법의 성행으로 사랑이 식어짐(9~13절, 24절)

(4) 모든 민족들에게 복음 전파(14절)

(5) 대환난 뒤 해와 달이 어두워지고 별들이 떨어지고 천체가 흔들림(29절)

(6) 예수 재림의 징조가 보이고, 땅에 있는 모든 민족이 가슴을 치며 인자가 큰 권능과 영광으로 하늘 구름을 타고 오는 것을 볼 것임(30절)

과거 2천 년간 거짓 선지자들과 거짓 그리스도가 출현하지 않은 시대는 없었고, 전쟁이 없는 시대도 거의 없었습니다. 기근, 지진, 태풍, 홍수 같은 자연재해는 항상 존재했으며, 아직도 진행 중입니다. 신자들을 탄압하고 박해하는 국가는 중국이나 북한 같은 공산주의 국가와 이슬람 국가들뿐이며, 나머지 국가는 매우 자유롭게 전도할 수 있고 박해와는 거리가 멉니다. 복음전파 기준을 성경책의 자국어 번역으로 볼 것인지도 의문이지만, 아직도 모든 국가와 민족의 자국어 성경 번역은 요원합니다.

현재 해와 달이 어두워지고 별들이 떨어지고 천제가 흔들리는 조짐은 전혀 없습니다. 50년 전에도 주후 2천 년이 되기 전에 예수님이 재림한다면서 입에 거품을 물었던 부흥사들과 목사들은 2천 년이 되니 모두 입을 다물었습니다. 오순절 계통의 초대형 교회 조○○ 목사도 1988년 3월 20일 25회 조장 구역장 세미나에서 12년 정도 남았다는 예측성 발언을 하고는 공식적으로 사과하는 사태가 벌어지기도 했습니다. 2년 전 코로나19가 닥치자마자 재림 이야기가 여기저기서 튀어나왔습니다. 하지만 지금은 코로나 종식이 공식화되기 일보 직전입니다. 임박한 주님 재림은 물 건너간 이야기가 되지 않았나요?

언제 지구의 종말이 오고 예수님이 재림이 이루어질지는 아무도 모릅니다. 예수님은 열 처녀와 달란트 비유에서 재림이 생각보다 늦어진다고 말씀하셨습니다(마태복음 25:5, 25:19). 그날과 때는 하나님만이 아십니다(마태복음 24:36 / 마가복음 13:32 / 데살로니가전서 5:1 등). 그리고 지구가 어떻게 물리적으로 변화해 새 하늘과 새 땅이 이루어질지는 아무도 정확히 알지 못합니다. 다만 참그리스도인은 재림을 두려워하거나 무서워지지 않습니다. 하루하루 열심히 살아가며 재림을 기다리고 미래를 설계할 뿐입니다. 마라나타!

28

예수님의 육체적 부활이 왜 중요한가요?

Q 예수님이 육체로 부활하신 것이 왜 중요한지 잘 모르겠습니다. 육체적 죽음과 영적 죽음, 육체적 부활과 영적 부활을 생각하면 헷갈립니다. 예수님께서는 십자가에서 죽으셨지만 영혼까지 죽으신 건 아니므로 영혼이 천국에 가서 성령을 보내주시면 우리가 구원받을 수 있지 않을까요?

A 어떤 부목사님이 부활절 광고 시간에 "예수님의 영혼이 부활하셨습니다"라고 말할 때 많은 교인들이 "아멘!"이라고 화답하는 것을 보고 충격을 받았던 기억이 납니다. 담임목사님이 설교할 때 예수님의 육체가 부활했다고 했는데도 '영혼이 부활했다'는 부목사님의 말에 교인들이 '아멘' 하고 있으니 어찌나 답답하던지요.

사람이 죽을 때 영은 죽지 않고 살아 있으므로 영적 죽음과 영적 부활이라는 말은 틀린 표현입니다. 무속신앙을 비롯한 다른 종교들도 모두 영은 죽지 않고 영원히 살아 있다고 믿습니다. 귀신이 되거나 허공을 떠돌아다니거나 아니면 동물이나 아귀로 환생한다거나 천당이나 지옥에 있다고 믿으니까요.

동양만 그럴까요? 아니요, 서양도 마찬가지입니다. 주전 400여 년 전부터 헬라(그리스)뿐 아니라 예수님 시대에도 사람들은 철학자 플라톤의 영향을 받아서 영혼불멸을 믿었습니다. 육체는 더러워서 육체를 벗어나는 것(죽는 것)이 가장 행복한 일이라고 믿었습니다. 그래서 그들은 죽는 것을 슬퍼하거나 두려워하지 않았습니다. 비근한 예로 소크라테스는 신(神)을 부정하고 청년들을 타락하게 했다는 이유로 고소당해 독이 든 잔을 받았고 기쁘게 마시면서 죽었습니다. 더럽고 냄새나는 육체를 벗어난 영혼이 영원히 살기 때문에 쾌히 죽은 것입니다.

성경으로 보자면 헬라인은 지혜를 사랑했으므로 육체가 다시 살아난다는 것을 미련한 짓으로 보았고, 예수님을 자신의 목숨조차 부지하지 못하고 죽은 한심한 인간으로 평가절하했습니다(고린도전서 1:22~23). 유대인들은 십자가에 못 박힌 예수는 나무에 매달려 죽어서 하나님께 저주를 받았고(신명기 21:23), 로마제국을 멸망시키고 이스라엘을 정치적으로 해방시키지도 못한 사람으로 생각했습니다. 따라서 예수님이 육체적으로 부활해 살아나는 것은 매우 중요합니다. 죽은 육체가 부활한다는 것은 하나님의 아들로 인정받았다는 의미가 되기 때문입니다(로마서 1:4).

예수님 시대의 사두개인들과 제사장들은 육체의 부활과 영과 천사를 믿지 않았습니다(사도행전 23:8). 그들은 영혼불멸을 부정했으므로 육체의 부활도 믿지 않았습니다. 대신 현세에 잘 먹고 잘사는 현실적인 것에 집중했습니다. 그래서 사두개인들과 제사장들이 나사로가 다시 살아난 것을 몹시 싫어해 죽이려고 결의했던 것이고(요한복음 12:9~10), 사도들이 부활을 증거하는 것을 견딜 수 없어 옥에 가두고 죽인 것입니다(사도행전 5:17~18). 이스라엘 백성의 존경을 받아오던 바리새인들은 육체의 부활이 하나님의 날(악인이 멸망하는 날)에 있을 것이라고 믿었습니다. 바리새인들은 육체가 부활하면 하나님이 의인의 죽음이었다는 것을 인정하는 징표라고 믿었습니다. 그런데 결국 예수님이 부활하자 바리새인들은 크게 당황했고, 군병들을 매수해서 제자들이 밤에 시신을 도적질한 것으로 꾸몄습니다(마태복음 28:12~15). 한편, 예수님의 부활은 제자들에게 예수님이 의인이었다는 사실을 믿게 하는 결정적 계기가 되었을 것입니다.

성경의 기록에 따르면 예수님은 부활 뒤 40일 동안 세상에서 활동하셨습니다(사도행전 1:3). 제자들도 처음에는 부활하신 주님을 유령으로 생각하기도 했지만 예수님은 유령이 살과 뼈를 가지지는 못한다고 잘못을 지적해주셨습니다(누가복음 24:39). 또 모든 의심을 접도록 물고기를 직접 드셨습니다(누가복음 24:41~43). 예수님은 신령한 육체로 부활하신 것입니다. 의심이 많은 도마는 부활하신 주님의 손과 옆구리를 만져서 확인했습니다(요한복음 20:24~29). 바울은 예수님이 죽음에서 부활하지 않았다면 그리스도인의 믿음이 무너져버리고 가장 불쌍한 사람이 된다고 했습니다(고린도전서 15:14).

죄의 결과와 삯은 사망입니다(로마서 5:21, 6:16, 6:23 / 고린도전서 15:56 등). 예수님은 인류의 죄짐을 다 지시고 죽음에서 부활하셔서 영원히 죄를 해결하셨습니다. 만약 죄의 결과로서 무덤에 예수님의 육체가 그대로 남아 있었다면 죄의 문제는 해결할 수 없었습니다. 다른 말로 말하면 사탄이 승리한 것입니다. 사탄이 예수님을 고소해 십자가에서 죽게 했으므로 사탄이 승리한 것으로 볼 수 있습니다. 그러나 자신이 승리한 줄 알았던 사탄은 예수님이 3일 만에 육체 부활의 첫 열매가 되셔서 패배한 것입니다(고린도전서 15:20).

이렇게 예수님은 육체로 40일 동안 사람들에게 나타나셨습니다. 육체로 부활하신 것입니다. 예수님의 육체적 부활이 없었으면 우리의 육체도 부활하지 못합니다(고린도전서 15:22~23). 우리와 예수님은 연합되어 있으므로 예수님의 죽음이 우리의 죽음이 되고, 예수님의 신령한 육체적 부활이 우리의 신령한 육체적 부활이 됩니다.

사도신경에는 육체적 부활을 명시하기 위해 '몸이 다시 사는 것과'라고 분명히 기록되어 있었습니다. 그러나 이것도 부족해서 새로운 사도신경 번역에서는 '몸의 부활과'라고 새롭게 번역했습니다. 예수님이 부활하시므로 연합한 우리도 부활합니다. 부활한 예수님이 시공간을 초월해 신령한 몸이 된 것같이 우리의 육체도 신령하게 변화할 것입니다. 이것이 육체 부활의 신비요 우리의 소망이 되는 것입니다. 그러므로 예수님의 육체적 부활은 매우 중요합니다.

29
예지몽과 예언 같은 은사를 어떻게 평가해야 하나요?

Q 친구가 장로교회를 다니는데, 종종 정확한 예지몽을 꾸고 미래에 대한 환상도 본다고 합니다. 제가 아는 한 친구는 이단은 아니며, 매일 말씀 보고 기도하며 매우 신실하게 삽니다. 그런 은사뿐 아니라 치유의 은사는 어떻게 평가해야 하나요?

A 꿈(예지몽)과 미래 환상은 바람직하지 않습니다. 구약성경은 주후 90년, 신약성경은 397년에 공인된 이후로 어떤 다른 성경이 첨가되거나 삭제되어서는 안 된다는 것이 교회의 가르침입니다. 한국교회에서 거의 대부분의 교회가 수용해 신앙의 기본적 교리로 수호하고 있는 웨스트민스터 신앙고백의 제1장 1항 마지막 구절에는 "하나님이 자기의 뜻을 자기 백성에게 계시해주시던 이전 방법은 현재 중지되어버렸다(히브리서 1:1~2)"고 밝히고 있습니다. 1장 6항 중간 부분에는 "성경에 대하여 어느 때를 막론하고 성령의 새로운 계시로서나 인간의 전통으로서 더 첨가할 수 없다"고 못을 박아놓았습니다.

그러므로 어떤 다른 말씀이나 예지몽, 예언이나 비몽사몽 간에 보거나 들은 것은 인정할 수 없습니다. 만에 하나 인정한다 해도 성경적인 가르침과 중심 사상에 위배되는지 분별해야 합니다. 인간의 미래는 하나님께 달려 있으며, 어떤 인간의 꿈과 환상과 예언에 따라 좌우되지 않습니다. 성경은 미래의 일은 사람이 알 수 없고 하나님께 달려 있다고 말합니다(전도서 8:7, 9:1, 10:14).

치유의 은사가 있는 사람들이 있지만, 매우 조심해야 합니다. 사실은 치유 은사자를 무시하는 것이 신앙에 가장 이롭습니다. 병이 나서 아프면 병원에 가서 신뢰할 만한 좋은 의사를 만나 진단을 받고 그 결과에 따르십시오. 난치병이나 불치병으로 판단되면 교회에 알리고 도고기도를 요청하길 바랍니다. 그리고 하나님이 왜 그런 고난을 주셨는지를 묵상하고, 때로는 그 결과를 수용할 수 있는 믿음이 필요합니다 하나님께 어떤 뜻과 계획이 있다고 보기 때문입니다.

이 상담 내용에 맞춰 아주 좋은 경험담을 주신 블로그 식구가 있어서 소개합니다. 공감하는 바가 매우 큽니다. 열린 마음으로 읽어 보십시오.

신비스러움이나 표적과 기사에 호기심을 갖는 것은 교인이라면 어쩌면 당연하다고 말할 수 있습니다. 한국 교인들은 너무 심하다 할 만큼 은사에 관심이 많은데 예언 은사와 치유 은사입니다.

심지어 용하다는 사람들(목회자나 기도원 원장)을 찾아다니는 교인들도 허다합니다. 어떻게 잘 아느냐고요? 제가 십수 년 전에 대언 사역이란 것을 했던 적이 있기 때문입니다. 제가 상대방의 손을 잡고 기도하면 그 사람의 환경이나 생각 또는 삶이 환상으로 보입니다. 그러면 그 환상을 풀어서 설명해줍니다. 대부분의 교인들이 감동을 받거나 놀라워합니다. 그런데 말입니다. 그 은사가 항상 100% 성령의 역사일까요?

저는 예언(대언) 사역을 하면서 이것이 성령의 역사인지 늘 고민했습니다. 그래서 다른 통역 은사자나 예언 은사자를 찾아다니면서 검증을 받기 위해 노력했습니다. 제가 경험한 것은 성령 은사자 자신의 영적 상태가 건강하고 올바른가를 늘 점검하고 확인해야 한다는 것입니다. 그렇게 하지 않으면 자신이 사탄의 도구가 되어 자신뿐 아니라 많은 교인의 삶이나 영까지 망칠 수 있다는 것입니다.

그래서 제가 기도하고 말씀을 보며 내린 결론은, 그 어떤 은사보다 사랑에 초점을 맞추는 것이었습니다. 모든 은사는 폐하되 사랑만 남습니다(고린도전서 13:8). 은사는 좋은 것일 수도 있으나 대다수의 은사자들이 자신이 하나님의 자리에 섭니다. 은사가 말씀 위에 군림하는 위험한 부작용이지요. 따라서 그런 것 하나 부러워할 필요도 없고, 사용할 필요도 없고, 찾아가서 귀를 기울일 필요도 없습니다.

제가 당시에 가장 좋아했던 찬송이 찬송가 545장입니다. "이 눈에 아무 증거 아니 뵈어도"로 시작하는 찬송가입니다. 저는 친구에게 그 어떤 은사보다 사랑의 은사를 사모하라고 권면합니다. 사랑 외에는 결국 무익하다고 볼 수 있습니다.

30

왕초보 신자가 성숙한 신자가 되는 비결이 있나요?

Q 예수님을 처음 믿는 왕초보 신자가 어떻게 해야 바람직한 믿음생활을 할까요? 믿음생활을 잘하는 지름길이 있을까요?

A 믿음생활에는 지름길이 없습니다. 반드시 얼마만큼의 시간, 세월이 필요합니다. 최소 5~10년이 필요하지만 그 시간을 단축시킬 수는 있습니다. 간단히 정리해봅니다.

1. 교회에 간다

장로교, 감리교, 성결교, 침례교 등 어느 교파의 교회를 가도 상관이 없습니다. 어느 교파를 가든 구원에는 아무런 영향을 미치지 못하니까요. 교회당 크기에 연연하지 말고 자신이 사는 지역에서 가장 가까운 교회에 가는 것이 여러 가지로 유리합니다. 교회에 가지 않고 혼자 신앙생활을 하면 이상한 길, 사상, 관념으로 빠지기 쉽습니다. 교회는 어머니 같은 존재입니다. 교회를 통하지 않고는 신앙이 올바르게 성장하기가 거의 불가능합니다.

2. 교회에 등록한다

교회에 다니면 반드시 등록을 해야 합니다. 대형 교회의 경우는 등록을 하지 않으면 3년 동안 매주 교회에 나가도 아무도 아는 척하지 않을 것입니다. 외톨이가 되기 쉽지요. 소속감이 없기 때문입니다. 따라서 반드시 등록을 해야 합니다. 그래야 교인으로서 권리와 의무감이 생기고 소속감이 생기기 때문입니다. 교회에 등록하지 않고 쇼핑하듯 이 교회, 저 교회를 다니는 사람들이 있습니다. 교회를 옮기는 과정 중이라면 이해할 수 있지만, 그래도 최소화하는 것이 바람직합니다.

3. 예배에 참석한다

주일예배에 참석할 수 없는 환경에 있는 신자를 제외하고 최소한 주일예배에는 참석해야 합니다. 되도록 오후 예배도 드리거나 아니면 신앙교육을 받아야 합니다. 새벽기도회, 수요기도회, 금요철야기도회 같은 데 참석하면 신앙적으로 매우 유익합니다. 여건상 어렵다면 의무사항은 아니지만 구역(속회·목장) 모임도 참석하면 좋습니다.

4. 기관, 모임에 가입한다

교회 예배에만 참석하는 신자들이 대부분입니다. 특히 중대형 교회는 대부분이 예배를 드리고 썰물처럼 빠져나갑니다. 다른 신자들과 대화하거나 교제하지 않습니다. 이런 신앙 형태로는 소속감을 느낄 수 없어 교회를 사랑하는 마음도 자부심도 생기지 않습니다. 이른바 무늬만 그리스도인이 되기 쉽지요. 남자는 남전도회, 여자는 여전도회에 가입해야 합니다. 각자 연령에 맞는 기관이나 소속에 가입해야 합니다. 그래야 신앙적인 도움도 받고 신앙이 성장하는 데 도움이 됩니다. 목사와의 관계도 중요하지만 더 중요한 것은 교우와의 관계입니다.

5. 교육에 참석한다

새신자 교육도 받아야 합니다. 교회에는 새신자(새가족)를 위한 프로그램이 마련돼 있는 경우가 많습니다. 교회에 대해 전반적으로 알 수 있는 좋은 기회가 됩니다.

교회에는 여러 가지 성경과 교리를 알려주고 교육시키는 별도의 과정이 마련되어 있습니다. 예를 들어 성경 읽는 법, 성경 해석법, 성경 개론, 신앙고백 등입니다. 교육도 받지 않고 몇 년이 지나가면 모르는 게 있어도 창피해서 다른 사람에게 질문도 하지 못하니까요. 설교만으로 믿음생활이 충분하다고 생각한다면 큰 착각입니다.

6. 봉사활동을 한다

교회 식구를 위한 활동에도 참여하는 것이 좋습니다. 찬양대, 주차장, 식당, 주일학교 같은 곳에서 봉사활동을 하는 것입니다. 이 가운데 주일학교 교사를 제외하고는 교회에 등록한 뒤 기본 교육만 받고

2~3개월이 지나면 할 수 있습니다. 주의할 점은 봉사활동을 통해 어떤 상급을 바라거나 현실적으로 돈, 물질, 건강, 명예, 출세 등 어떤 보상을 기대하는 마음이나 태도는 버려야 한다는 것입니다. 봉사를 통해서 구원을 얻는다거나 봉사가 구원을 얻는 데 지름길이 된다는 것은 잘못된 발상입니다.

7. 개인적인 경건 생활을 한다

교회 안에서 듣는 설교도 중요하지만, 개인적인 경건 생활이 더 중요할 수도 있습니다. 겨우 30~60분 정도 하는 설교로 사람이 변화하고 영적으로 성장한다고 믿는 것은 올바르지 못하다고 느낄 때가 많습니다. 우리의 내적 성장과 변화는 쉽게 이루어지지 않습니다.

개인적으로 노력하지 않으면 신앙이 성장하지 못합니다. 집에서도 성경을 읽고, 공부하고, 묵상해야 합니다. 필요할 경우 저지, 기록 연도, 주제, 목적 등 성경 배경을 알 수 있는 신앙서적과 성경을 해석하는 데 도움을 주는 주석이 필요합니다. 이 외에 성경을 읽고 삶에 적용하며 기도하는 시간도 가져야 합니다. 기도도 교회당뿐만 아니라 설거지할 때, 골방에서, 자동차(전철) 안에서, 일터에서, 심지어는 걸어가거나 운전하면서 기도할 수 있어야 합니다.

8. 거듭난 삶(중생)을 산다

하나님께 거듭난 삶을 살게 해달라고 기도하고 간구해야 합니다.

거듭난 사람은 죄가 싫어지고 미워집니다. 만나면 그렇게 즐겁고 재미있던 세상 친구들이 싫어집니다. 죄를 지으면 마음이 괴롭고 아픕니다. 성경을 읽고 싶고, 하나님께 기도하고 싶어집니다. 교회에도 가고 싶습니다. 불쌍한 사람, 가난한 사람, 어려움에 처한 사람을 보면 마음이 아픕니다. 함께하고 싶고 나누고 싶습니다. 이런 마음이 없으면 아직 거듭나지 않은 것입니다. 즉, 살았어도 죽은 신앙입니다.

거듭나지 않으면 하나님의 나라에 들어갈 수 없다고 성경은 말합니다. 하지만 거듭남은 하나님의 주권에 달려 있습니다. 기도하시기 바랍니다. 거듭난(중생) 사람이 되게 해달라고요.

9. 생활 신자가 된다

교회 안에서만 신실하고 믿음이 좋은 신자들을 자주 봅니다. 교회 안에서는 장로요 권사요 집사인데, 교회 밖에 나오면 불신자와 다름없는 삶을 산다면 잘못된 신앙입니다. 가정이나 일터에서 빛과 소금의 삶을 살아야 합니다. 세상 사람인 불신자와 다른 삶, 즉 구별된 삶을 살아야 합니다.

술과 담배를 끊지 못했다면 끊게 해달라고 매일 기도하십시오. 언젠가는 하나님이 끊게 해주실 것입니다. 아니면 절주와 절연을 결심하고 기도하며 참는 훈련을 하는 것이 좋습니다. 술과 담배는 구원과는 관련이 적지만 성화(구별된 삶을 사는 구원의 단계)에 매우 방해가 됩니다.

10. 하나님께 영광을 드린다

그리스도인은 사나 죽으나 하나님의 영광을 위해 삽니다. 하나님을 영화롭게 하고 하나님을 기쁘고 즐겁게 하는 것이 첫 번째 목적입니다. 무엇을 먹으나 무엇을 입으나 무슨 일을 하든지 하나님께 영광이 되는지 살펴야 합니다. 최소한 하나님의 영광을 가리는 일이나 말과 행동은 삼가야 합니다.

곤란하고 힘든 일이나 사건이 생길 때는 '예수님이라면 어떻게 했을까?' 깊이 생각해보십시오. 자신을 비우고 내려놓은 채 다른 사람을 먼저 배려하고 용서해주셨던 예수님을 생각해보십시오.

쭉 읽다 보면 어렵고 힘들다고 느낄 것입니다. 아예 성숙한 신자가 되고 싶지 않다고 고백할지도 모릅니다. 이해합니다. 그런데 어떡합니까? 이게 사실인데 어쩌란 말입니까!

그리스도인이 되기는 쉽습니다. 그러나 참그리스도인이 되기는 매우 어렵습니다. 가짜는 많지만 진품은 드뭅니다. 성숙한 신자가 되는 길은 멉니다. 만왕의 왕 하나님의 자녀가 되기는 매우 쉽습니다. 그러나 차기에 왕이 될 만한 인품과 실력을 갖춘 왕자나 공주가 되기는 쉽지 않습니다.

(31)

은혜가 뭐예요?

> **Q** 예배가 끝나고 담임목사님께 오늘 설교에 은혜를 많이 받았다고 말하는 신자들이 있습니다. 은혜라는 말을 교회에서 많이 사용하는데, 정확한 의미를 알고 싶습니다.

A 기독교를 잘 표현하는 용어 가운데 하나를 뽑으라고 하면 은혜grace, 恩惠입니다. 성경에는 '은혜'라는 단어가 270번 나옵니다. 은혜는 신약에만 130번이 나올 만큼 많이 사용되는 단어입니다. 특히 하나님이 우리 인간을 사랑하셔서 독생자 예수 그리스도를 보내주시고 십자가의 사랑으로 구원하시고 영생을 주신 것은 은혜의 극치입니다.

종교개혁자들도 '오직 은혜Sola Gratia' 깃발을 내세우고 종교개혁을 추진했습니다. 그들은 로마 가톨릭에서 주장하는 인간의 노력과 공로로 얻는 구원의 가능성을 인정하지 않았습니다. 하나님의 은혜로 오직 믿음에 의한 구원을 선포하고 가르쳤습니다. 여기서 말하는 은혜는 하나님의 은혜입니다. 하나님이 자기 백성에게 베푸시는 '무조건적인 사랑unconditional love'입니다.

그 뒤 개신교는 은혜를 강조했습니다. 은혜를 강조하지 않는 교파, 교단은 없습니다. 또 어느 교회나 하나님의 은혜를 강조하고 찬양합니다. 그러나 시간이 흐르면서 은혜의 정의와 의미가 희미해지고 달라졌습니다. 구약과 신약에 나타나는 '하나님의 사랑(로마서 5:8 / 에베소서 2:4~5)', '자비와 긍휼(창세기 20:13 / 출애굽기 34:6~7 / 룻기 2:20 등)', '선물(에베소서 2:8, 3:7, 4:7)'이 은혜라는 개념이 사라지고 있습니다.

은혜는 하나님과 인간 사이에 이루어지는 관계입니다. 아니, 하나님이 일방적으로 베푸는 호의, 선물, 사랑의 관계입니다. 그런데 언제부터인가 은혜는 하나님과의 관계가 아니라 사람과의 관계로 변질되었습니다. 교회에서 신자들 사이에 사용하는 일상언어가 되어버린 지도 오래되었습니다.

우리가 얼마나 은혜를 남용하고 있는지 살펴보기로 합니다.

1. 은혜받았다

담임목사의 설교를 듣고 나서 흔히 '은혜받았다'고 말합니다. 교회 문앞에서 성도들과 인사하면서 그런 말을 들을 때마다 목사의 얼굴은 기쁨으로 충만합니다. 이때 은혜는 설교에 감동받았다거나 설교가 좋았다는 의미입니다. 또 눈시울이 뜨거워지거나 울면 '설교가 은혜로웠다'고 합니다. 감정과 느낌이 은혜가 되는 것입니다. 심지어는 설교에 아무런 감동이나 느낌도 없었지만 인사치레나 아부로 그런 말을 하기도 합니다(웃음). 그러다 보니 교리 설교나 죄나 심판을 지적하는 설교를 들으면 '은혜받았다'는 말을 하지 않는 경우가 많습니다.

2. 은혜 많이 받으세요

성도들이 만나거나 헤어질 때도 "은혜 많이 받으세요"라 합니다. 어떤 의미로 이런 말을 하는지 모르겠습니다. 어디에서, 어떻게, 누구에게, 무슨 은혜를 받으라는 것인지 이해하기 어렵습니다. 이렇게 말하면 상대방도 뜻을 모르면서 "예, 집사님도 은혜 많이 받으세요"라고 합니다. 이럴 때마다 성령의 은사를 의미하는 것인지 아니면 기도할 때 어떤 감동을 받으라는 것인지 알 수 없습니다. 부흥회나 기도원에 가면서 혹시 이런 말을 하면 성령의 은사를 받으라는 의미로 받아들이기도 합니다만, 이해하기 어렵습니다.

3. 은혜롭게 합시다

당회나 제직회, 특히 노회에서는 어떤 안건에 대해 대립되어 분위기가 차가워지거나 부드럽지 않으면 "은혜롭게 합시다"라는 말이 꼭 튀어나옵니다. 이것은 까다롭게 굴거나 다투지 말고 그냥 넘어가거나 대충 그만하자는 의미로 사용하는 것 같습니다. 어떤 안건에 대해 질문이나 의문을 제기하는 신자가 이런 말을 들으면 사랑이 없거나 까칠한 사람으로 간주되기 쉽고요. 이런 말을 들을 때마다 한숨부터 나옵니다.

4. 은혜가 안 된다

내 생각과 다르거나 듣기에 거북하면 "은혜가 안 된다"는 말도 합니다. 도움이 되지 않거나 기분이 좋지 않다는 뜻입니다. 왜 이런 것과 하나님의 은혜를 연결시키는 것일까요?

5. 은혜를 까먹었다

은혜가 돈도 아니고 물질도 아닌데 어떻게 까먹었다는 표현을 할까요? 감동이 사라졌거나 화가 난다는 뜻이겠지요. 찬양대의 찬양이 끝난 뒤 "오늘 찬양이 참 은혜로웠습니다"라는 말도 자주 합니다. 찬양이 본인에게 아름답게 들렸거나 찬양대원들이 찬양을 잘 불렀다는 뜻입니다.

이렇게 은혜는 교회 안에서 본래 의미인 하나님의 선물이나 사랑과 긍휼이라는 본질에서 벗어나 교회 일상용어로 변질되었습니다. 그러다 보니 은혜가 무엇인지도 잘 모르고 마구 사용하는 것 같습니다. 저는 설교를 듣고 나서 은혜로운 설교라는 말을 하지 않습니다. 그 대신 '올바른 설교'나 '생각하게 만드는 설교'라는 말을 사용합니다. 찬양을 들은 뒤에도 은혜라는 말을 사용하지 않습니다. 아름다운 찬양이나 잘 불렀다는 정도에 그칩니다.

은혜를 함부로 사용하면 값싼 은혜가 됩니다. 은혜라는 용어는 하나님과 예수 그리스도의 구원 사역과 관련돼 있을 때만 사용하는 것이 바람직합니다. 은혜는 사람의 공로나 노력의 대가로 발생하지 않습니다. 은혜는 하나님이 인간에게 베푸시는 은혜에만 사용되는 것이 좋습니다. 대표적인 성경 본문을 읽어봅니다.

너희는 그 은혜에 의하여 믿음으로 말미암아 구원을 받았으니 이것은 너희에게서 난 것이 아니요 하나님의 선물이라

_ 에베소서 2:8

32

이기적이고 세상적인 방법으로
살아가는 신자들 때문에 괴로워요

Q 교회에서 설교하고 교육하고 함께 모여 QT를 해도 중요한 순간에는 이기적이고 세상적인 방법으로 살아가는 신자들을 많이 만납니다. 그래서 말씀 따라 선하게 살아보려 했던 신자는 상처 입고 힘들어하며 자존감만 떨어집니다. 그런 사람들을 어떻게 평가하고 신앙생활을 해야 할까요?

A 왜 이런 질문을 하는지 이해할 수 있습니다. 아마도 형제님이 하나님이 말씀하신 대로 선하고 모범적인 삶을 살아가거나, 아니면 그런 삶을 살려고 노력하기 때문이 아닐까 생각합니다. 나는 참고 인내하고 남이 싫어하는 일을 도맡아 하는데 심지어 피해만 입고 사니 그런 게 아닐까요? 제 추측이 맞는다면 그런 삶의 모습은 그리스도인으로서 자랑스럽고 올바른 태도라고 생각합니다.

세상에서 그리스도인이라고 말하는 사람들, 특히 장로나 권사 같은 교회 지도자들이 하는 말과 행동을 보면 저도 이해하기 힘들 때가 많습니다. 심지어 목사들도 별로 다르지 않은 것을 알 때 그 실망감은 이루 말할 수 없습니다. 불특정 다수를 상대하는 SNS에서는 신자들이 어떤 모습일까요? 제가 운영하는 '김활목사의 기독교 바로 알기' 블로그의 경우, 제게 많은 도움을 받은 독자들이 저를 욕하거나 원망할 때가 있습니다. 그럴 때는 목사인 저도 상처받고 힘이 듭니다.

그런 신자들을 만날 때마다 실망도 하고 심하면 속으로 화도 내지만, 이렇게 생각하면 어떨까요?

(1) 저 사람은 아직 거듭나지 못한 그리스도인이다. 언제 변화할 수 있을까?
(2) 저 사람은 칭의만 알고 성화를 모르는 사람이 아닐까? 교회에서 교육을 잘못 받은 것이다.
(3) 저 사람도 성화 과정을 살아가는 사람이니 실수하고 잘못할 수 있다. 내가 이해해야지.
(4) 내가 이런 생각을 하는 것은 나의 의(의로움)를 주장하는 것이다. 나도 아직 멀었다.

누구나 죄를 범하고 회개하면 용서받는다는 것은 옳습니다(요한일서 1:9). 그런데 신자들이 계속 죄를 지으니 아예 처음부터 회개를 포기하고 회개하지 않는 게 옳을까요? 교회에서 아예 반성하고 회개하라는 교육도 설교도 하지 않아야 할까요? 저는 그렇게 생각지 않습니다. 예를 들어 사람들이 실내에서 담배를 계속 피운다고 해서 금연 홍보를 중지해야 할까요? 교통사고가 자주 발생한다고 해서 속도 감속이나 사고방지 표시판, 안내판을 철거해야 할까요? 그렇지 않습니다. 오히려 더 많이 설치해야 합니다.

사람은 쉽게 변화하지 않습니다. 교육과 훈련이 필요한 존재입니다. 교회는 계속 올바른 성경적 설교를 해야 하고, 신자는 언행을 올바르게 하기 위해 노력하고 하나님의 은혜를 구해야 합니다. 그러다 보면 언젠가는 그런 못된 행위를 하던 신자들도 참다운 회개를 하고 올바르게 살게 되지 않을까요? 아니면 그렇게 끝까지 하나님의 나라와 의에 관계없는 삶을 살다가 죽으면 그 이후의 삶은 주님이 결정하시지 않을까요?

그저 이 세상에서 잘 먹고 잘살고 부자가 되고 출세하는 게 전부라면 그 인생은 정말 불쌍하다고 말할 수밖에 없습니다. 사람이 죽을 때 자신이 이루지 못한 것, 소유하지 못한 것을 후회하는 경우는 많지 않습니다. 사람들은 대개 죽을 때 자신이 다른 사람에게 베풀지 못한 것, 자신의 소유를 나누지 못한 것, 감사하지 못하고 사랑하지 못한 것을 후회합니다.

사견을 전제로 말씀드립니다. 저는 예정론과 성도의 견인堅忍을 믿으며 내가 하고 싶은 대로 살고 악한 삶을 살아가는 신자들도 천국에 간다고 믿고 싶지 않습니다. 그렇게 자기 멋대로 사는 신자들을 보면 지옥에 갈 수도 있다고 저와 제 주변의 목사들끼리 결론을 내립니다.

비록 세상 속에서 실수하고 잘못도 하지만 올바르게 살려고 노력하는 신자들, 지난한 성화의 과정을 완주하는 신자들이 구원을 얻을 수 있다고 믿습니다.

마지막으로, 형제님이 하는 말과 행동이 선하다고 믿을 수 있을까요? 그렇게 선하다고 믿는 것이 바로 자기 의(의로움·깨끗함)를 주장하는 것이 되지는 않을까요? 선하게 산다는 신자들이 바로 이 부분에서 자주 실수를 합니다. 인간이 행하는 선에도 반드시 악한 부분이 숨어 있다는 것을 말이지요. 다시 말해서 나의 선행에 0.00001%의 악이 숨어 있다면, 즉 자기 자랑, 인정, 보상 등이 숨어 있다면 그것은 하나님께 선행이 될 수 없습니다.

예수를 믿는다고 고백하는 신자들이 모인 교회에도 알곡과 가라지가 있습니다(마태복음 13:25~40). 모든 예배에 참석하고 십일조를 하고 봉사를 한다고 해서 모두 구원을 받는 것은 아닙니다. 도리어 그런 행위를 하며 다른 사람들에게 존경과 칭찬을 받고, 스스로 의롭다고 믿으며 다른 사람을 멸시하는 신자들에게 주님은 이렇게 말씀하십니다.

> 내가 너희에게 이르노니 이에 저 바리새인이 아니고 이 사람(세리)이 의롭다 하심을 받고 그의 집으로 내려갔느니라 무릇 자기를 높이는 자는 낮아지고 자기를 낮추는 자는 높아지리라 하시니라
>
> _ 누가복음 18:14

시편 73편도 마찬가지입니다. 이 시편에 등장하는 악인들 중에는 하나님을 믿지 않는 이방인들도 있지만 하나님을 믿는 이스라엘 백성도 포함되어 있다는 것을 잊지 말아야 합니다. 악인들은 형통하고 평안하고 재물은 더욱 불어나고 죽을 때도 고통 없이 죽습니다. 이럴 때 시인은 깨끗한 마음으로 죄를 짓지 않고 살아온 것이 허사라고 생각하고 고민합니다. 그러나 결국 시인은 그런 악인들은 멸망에 이른다는 것을 깨닫게 됩니다.

끝으로 덧붙이고 싶은 말은 다른 사람과 비교하지 말라는 것입니다. 비교하면 감사도 행복도 사라집니다. 대신 하나님을 향한 믿음과 소망으로 무장하십시오. 그래야 이 세상을 힘차게 살아가고, 승리할 수 있습니다.

33

이단 목사에게 받은 세례는 무효인가요?

Q 서울 S교회를 섬기는 교인으로 개혁파에 속해 있습니다. S교회도 예수님의 구원을 믿고 하나님을 믿으며 삼위일체를 믿습니다. 김○○ 담임목사에게 성부와 성자와 성령의 이름으로 세례를 받았는데, 이 교회를 나와서 기성 교회로 가면 다시 세례를 받아야 하는지 알고 싶습니다.

A 세례는 예수를 자신의 구세주로 고백하는 사람을 물에 담그거나(침례), 머리에 물을 뿌리는(세례) 예식입니다. 예수와 함께 죄에 대해 죽고(사도행전 2:38), 다시 태어나는(로마서 6:3~5) 그리스도와의 연합을 상징하는 의식입니다(갈라디아서 3:26~27). 세례를 받지 않으면 성찬을 받을 수도 없고, 교회의 정식 구성원이 되지 못합니다. 그러므로 공동의회에서 신자로서 투표하거나 직분을 받아 봉사하는 데 제약이 많습니다.

세례는 구원의 조건이 아니지만, 신자라면 반드시 받아야 할 중요한 예식입니다. 세례는 구원의 조건이 아니라 형식이므로 세례가 필요 없다고 주장하는 분도 있는데, 저는 동의하지 않습니다. 그런 주장은 남녀의 결혼에서 중요한 것은 내용인 혼인신고이므로 형식인 결혼식을 할 필요가 없다고 주장하는 것과 별로 다르지 않습니다. 내용도 중요하지만 형식도 필요합니다.

정통 침례교회에서 침례를 받았다면 장로교나 감리교 같은 교파에서는 다시 세례를 받을 필요가 없습니다. 재세례를 요구하는 교파나 교단도 없을 것으로 보입니다. 그러나 장로교나 감리교에서 침례교로 옮길 경우 재침례를 요구하는 침례교회가 있습니다. 예를 들어 경기도 용인에 있는 지구촌교회의 경우 집사까지는 재침례를 요구하지 않지만 장로나 권사 직분을 받으려면 반드시 재침례를 받아야 합니다.

문제는 침례교 아류인 S교회가 주요 교단에서 이단으로 규정된 단체라는 것입니다. 성부와 성자와 성령의 이름으로 담임목사가 세례를 주었다고는 하지만, 목사가 하는 신학의 정체를 믿기 어렵다는 것입니다. 그는 신론, 기독론, 계시론, 창조론, 인간론, 귀신론 등 교리적 측면에서 많은 오류를 일으킨 장본인이기 때문입니다. 따라서 정통교회로 옮긴 뒤 적합한 신앙교육을 이수해야 합니다. 새신자 과정을 처음부터 다시 받는 것이 바람직하다는 의미입니다. 신앙 기초교육을 다시 받는 것은 창피하거나 부끄러운 일이 아닙니다. 도리어 신앙을 더 탄탄히 다지는 좋은 기회가 될 것입니다.

기초 교육 여부와 관계없이 중요한 것은 정통교회 목사에게 신앙상담을 받는 것입니다. 세례문답과 같이 동일한 모든 질문에 올바로 대답하고 고백할 수 있다면 재세례가 필요 없을 것입니다. 하지만 귀신론, 베뢰아Beroea 사상, 쓰러지기 등 잘못된 교리는 교정을 받아야 합니다. 따라서 이전한 정통교회 목사가 재세례 여부를 판단할 것입니다. 여호와의증인, 모르몬교나 신천지 같은 집단에서 세례를 받았다면 신앙교육을 받고 신앙문답을 거친 뒤 다시 세례를 받아야 할 것입니다.

　서울 S교회에서 탈퇴해 정통교회로 가십시오. 비개혁파와 개혁파 여부는 중요하지 않습니다. 해적선에서 기관사로 일하면 해적이 아니라고 말하기 어렵습니다. S교회도 침례교 계통이므로 침례교와 교리가 같은 부분이 없지는 않으니 침례교단으로 옮길 가능성이 있는데, 침례교단에는 킹제임스성경만 고집하는 침례교 이단들이 있으니 이때도 주의가 필요합니다.

34

일반 신자도 신학을 해야 하나요?

> **Q** 제가 신학을 한다고 하면 교회 목사님들과 주변 신자들은 아무나 하는 것이 아니라고 합니다. 성경을 읽다 보면 의문점이 적지 않은데, 질문을 하면 믿음이 없다고 합니다. 평신도들도 신학을 해야 하나요?

A 동감합니다. 신학은 아무나 하는 것이 아니라는 말을 흔히 듣습니다. 맞는 부분도 있지만, 틀린 부분도 있습니다. 저는 신학은 아무나 하는 것이라고 주장하는 사람입니다. 신학은 누구나 할 수 있어야 하고, 할 수 있습니다. 그런데 신학은 누구나 할 수 있지만 목회자가 되려는 목회학은 누구나 하지 않는 것이 좋습니다(실제로는 '신학과'가 없어서 '목회학과'에 갈 수밖에 없지만).

신학은 아무나 하는 것이 아니라고 말하는 데는 신학과 목회학에 대한 혼동도 하나의 이유입니다. 신대원(신학대학원)에서는 혼동을 주지 않으려고 신대원 3년을 목회학 석사 과정이라고 하지 신학 석사 과정이라고 하지 않습니다. 영어로 M-div Master of Divinity, 목회학입니다.

그런데도 '목회학=신학'이라고 착각하는 사람들이 적지 않습니다. 정규대학교 4년과 목회학 3년 과정을 마쳐야 신학 석사가 될 수 있고, 나중에 신학 박사(2년) 학위를 취득하게 됩니다. 그런데 목회학 과정에 들어가도 관습상(1970년 이전) 그냥 신학을 한다고 말합니다. 신대원은 4년제 대학교를 졸업한 사람을 3년 목회학 과정 후 목사로 만드는 것이 목표라 해도 과언이 아닙니다.

기독교는 끊임없이 의문이 생겨날 수밖에 없는 종교입니다. 질문할 때 대답하지 않거나 대답하지 못하게 막는 목사들은 반성하고 회개해야 합니다. 기독교가 어떤 종교인지 설명하기가 쉬운가요? 당장 기독교基督教라는 말 자체를 설명하기도 쉽지 않습니다. 기독교의 한자는 터 기基, 살필 독督, 가르칠 교教입니다. 그렇다면 기독교가 집이나 건물을 잘 살펴서 짓는 것을 가르치는 종교인가요? 물론 아니라고 대답하겠지요. 그렇다면 기독교라는 말의 어원은 어디에서 나왔을까요? 교회는 이에 대답해야 합니다. 그런데 대개 설명하지 못하거나 왜 쓸데없는 질문을 하느냐고 핀잔을 줍니다.

기독교가 예수를 믿고 구원받는 종교라고 대답한다면 옳은 답변입니다. 하지만 예수를 설명하기가 쉽지 않습니다. 예수는 사람인가요, 신神인가요? 아니, 반은 사람이고 반은 신인가요? 예수는 왜 동정녀에게서 태어나야 했나요? 예수의 죽음이 왜 나의 구원이 되나요? 예수의 존재와 생활과 어록에 대한 질문만 해도 끝없이 쏟아져 나옵니다. 바로 이것을 공부하는 학문이 신학입니다.

복이나 받고 저주나 피하려고 기독교를 믿으면 신학을 할 필요가 없습니다. 돈 많이 벌고 건강하게 살면서 마음의 평화를 누리다가 죽을 때 천국에 갔으면 좋겠다는 사고방식으로는 신학을 할 필요가 없습니다. 예수 잘 믿어서 잘 먹고 잘살고 배부르고, 부자로 누릴 것을 다 누리며 살다가 천국 가면 된다고 생각하면 신학을 하지 않아도 됩니다.

대부분의 교회에서는 신자들이 질문하거나 의문을 가지는 것을 경계하는 경향이 있습니다. 심하면 '신○○ 같다'고까지 합니다. 이렇게 된 데는 스승의 그림자도 밟지 않는다는 유교적 풍토도 작용했습니다(지금은 비록 스승에게 욕도 하고 덤비는 시대가 되었지만). 과밀 학급이어서 질문하기 어려웠던 교육과 사회 분위기에도 책임이 있습니다. 지금은 학생들이 학급당 20~30명 수준으로 여유가 있지만, 여전히 주관식보다는 객관식 질문을 더 선호하고 주입식 교육에 치중하는 경향이 있습니다. 교회도 이런 주입식 교육과 방법을 그대로 도입했습니다.

하지만 예수님은 제자들에게 질문법을 자주 사용하셨습니다. "너희는 나를 누구라 하느냐?"는 질문에는 대답하기 쉽지 않습니다. 예수님이 누구인가요? 솔직하게 대답해보십시오. 기독교의 하나님과 유태교의 하나님은 동일한가요? 이 질문에도 대답하기가 쉽지 않을 것입니다. 어떤 교회에서는 삼위일체 하나님을 양태론으로 겁도 없이 설명합니다. "구약은 하나님 시대, 신약은 예수님 시대, 현재는 성령 시대"라고 양태론으로 잘도 설명하지만, 고대 교회나 중세 교회에서 그랬다가는 화형을 당하거나 교회에서 추방당했을 것입니다. 또한 현재는 성령 시대라고 해서 이단들이 창궐할 수 있는 기회를 제공하고 있습니다.

모든 신자는 하나님을 열심히 공부해야 합니다. 그러려면 신학을 해야 합니다. 올바른 신학을 하면 하나님도 더 많이 알게 되고, 더욱 자유로워지고, 하나님을 더 많이 사랑하게 됩니다. 어설픈 신학, 엉터리 신학이 한국교회를 병들게 하고 바보 신자를 만들고 있습니다. 신학에는 나이가 상관없지만, 그렇다고 굳이 신학교에 가서 배울 필요는 없습니다. 교회에서 배우거나 아니면 혼자 공부해도 어느 정도 신학을 할 수 있습니다. 신학은 누구나 배워야 하고 배울 수 있습니다. 똑똑하고 현명하고 머리 좋은 신자들이 신학을 배우고 교회에서 가르쳐야 합니다.

저도 다른 목사님들에 비하면 학력, 학벌이 많이 부족하고 지혜도 많이 모자랍니다. 저보다 몇 배나 똑똑하고 지혜롭고 인격적인 신자들이 교회 안에 있습니다. 그런 분들이 신학을 배우고 성도들을 가르쳐야 합니다. 학교 공부를 못하고 멍청했던 사람들이 무인가 신학교를 졸업하고 목사가 되어 엉터리 말씀을 가르치는 데 신물이 납니다. 그동안 많이 속았습니다. 특히 부흥사라는 사람들에게 참 많이도 속았습니다.

한국교회의 평신도(일반 신자) 신학의 미래는 밝지 않습니다. 매우 어둡습니다. 목회자들이 일반 신자들이 신학을 하는 것을 싫어하는 측면도 있지만, 무엇보다 신자들의 관심이 매우 부족합니다. 하지만 모든 신자가 신학을 해야만 합니다. 독학으로 얼마든지 좋은 책을 보며 공부할 수 있습니다. 저도 신대원에 입학하기 전 독학으로 신학을 공부했고, 신대원에서는 반복하고 확증하는 수준에 머물렀다고 할 수 있을 것 같습니다.

㉟

인간에게 자유의지가 정말 없나요?

Q 인간에게 자유의지가 없다는 말을 목사님께 듣고 혼란에 빠졌습니다. 교회, 직업, 진학, 결혼, 주택 구입 등 제 자유의지대로 선택하고 결정해야 할 중요한 순간이 있습니다. 게다가 일상생활을 하며 제 자유의지대로 선택하곤 합니다. 그런데도 교회에서는 자유의지가 없다고 말하는 이유를 모르겠습니다.

A 자유의지 自由意志, free will에 대해 설명을 많이 했지만 아직도 혼란에 빠지는 신자들이 있습니다. 왜 그럴까요? 교회에서 사용하는 자유의지와 심리학과 철학에서 말하는 자유의지를 구분하지 못하기 때문입니다.

이게 무슨 말이냐고 질문하실 것입니다. 세상과 교회는 자유의지라는 단어를 모두 사용하고 있지만 사실 의미는 서로 다릅니다. 세상에서 말하는 자유의지는 이런 것입니다. 우리는 하루에도 헤아릴 수 없이 많이 생각하고 결정하는 갈림길에 섭니다. 예를 들어 오늘 회사에 가기 위해 버스를 탈지 아니면 자가용을 몰고 갈지 결정해야 합니다. 우산을 가지고 외출할지 그냥 갈지도 결정해야 합니다. 아침에 밥을 먹고 학교에 갈지 아니면 먹지 않고 갈지도 결정해야 합니다. 심지어 어떤 옷에 어떤 신발을 신어야 할지도 생각하고 결정합니다. 만약 이런 사소한 것을 내가 결정하지 않는다면 나는 아무것도 할 수 없고 그대로 있어야 합니다. 아니면 누군가의 결정에 따라야 하고 기계나 로봇처럼 되어야 합니다. 이런 자유의지는 당연히 그리스도인도 가지고 있습니다.

간혹 이런 자유의지마저 없다고 가르치는 교회가 있다는 것을 잘 알고 있습니다. 주로 카리스마가 강한 목사는 신자가 가지고 있는 자유의지를 빼앗아갑니다. 결혼, 직업, 이사 등 인생살이의 많은 대소사에 목사(리더 포함)가 끼어들어 결정합니다. 목사나 리더가 인정하지 않거나 기도 응답이 없는 결혼이나 직업은 무효가 됩니다. 우리 교회 안에만 길이 있고 정답이 있으니 교회 근처로 이사 오거나 합숙을 하라고까지 합니다. 만약 자신이 섬기는 교회가 이런 곳이라면 뒤도 돌아보지 말고 당장 나와서 정통교회로 가야 합니다.

교회에서는 자유의지가 없다고 하니 답답하기도 하고 혼란스러울 것입니다. 거듭 이야기할 것은 우리 기독교에서 말하는 자유의지는 세상의 심리학이나 철학에서 말하는 자유의지와 다르다는 점입니다. 하나님은 세상적 의미의 자유의지를 모든 인간에게 주셨습니다. 즉, 하나님은 신자나 불신자를 가리지 않고 인간이 자신의 의지로 직장,

배우자, 학교를 선택하거나 일상생활에서 자신의 의지나 생각으로 판단하고 결정할 자유를 주셨습니다. 하나님은 자신의 형상대로 지정의를 지닌 인간을 창조하셨습니다. 하나님은 인간을 결단코 프로그램화된 기계나 로봇으로 창조하지 않으셨습니다.

기독교에서 말하는 자유의지는 구원론과 매우 밀접한 관련이 있습니다. 아니, 교회에서 말하는 자유의지는 구원론에 속해 있습니다. 그런데도 적지 않는 신자들이 기독교의 자유의지를 세상 속의 심리학, 윤리학과 연결 짓는 바람에 어려움에 빠지는 것입니다. 기독교에서 말하는 자유의지와 세상에서 말하는 자유의지는 분명 다릅니다.

말이 나온 김에 그리스도인들이 자주 혼동하는 용어가 있습니다. 예를 들어 계시, 예정, 예언, 구속, 기사, 기업, 말세, 간섭 등의 용어입니다. 교회는 이런 용어를 세상과 다르게 해석하는데, 적지 않은 신자들이 같다고 생각해서 혼란을 겪고 신앙생활에 문제가 생기기도 합니다. 모두 다루려면 글이 너무 길어질 테니 세 가지 용어만 설명해봅니다.

1. 계시啓示

일상적이고 세상적인 의미의 '계시'는 보통 사람들은 노력해도 도저히 얻을 수 없는 어떤 특별한 말이나 능력을 얻은 것을 말합니다. 따라서 다른 사람들이 볼 수 없거나 들을 수 없는 것을 얻었을 때 흔히 '계시를 받았다'고 말합니다. 예를 들면 "옆집 아줌마가 계룡산에서 계시를 받아 무속인이 되었다"고 하지요.

그런데 교회에서 말하는 계시는 의미가 완전히 다릅니다. 하나님은 자신이 누구인지 사람에게 알려주시지 않으면 알 수 없기 때문에 자신을 계시해야 합니다. 즉, 하나님이 자신을 드러내고 나타내는 것을 계시라고 합니다. 계시는 일반계시로서 태양·달과 별·동식물 같은 자연물, 특별계시로서 성경과 예수 그리스도를 가리킵니다. 그러므로 그리스도인이 '계시를 받았다'고 하거나 '계시를 달라'고 주장한다면 이단이 됩니다.

2. 구속救贖과 구속拘束

세상에서 구속拘束이라고 하면 강제로 어떤 사람을 일정한 장소에 잡아 가두는 것을 말합니다. 누구를 구속했다고 하면 경찰서나 구치소에 가두는 것을 말하지요. 하지만 교회에서 말하는 구속救贖은 예수님이 나 같은 죄인을 자신의 핏값으로 사서 구원해주시고 영생을 허락하시는 것을 말합니다.

3. 예정豫定

예정의 사전적 의미는 "앞으로 일어날 일이나 해야 할 일을 미리 결정한다"입니다. 신자의 미래는 이미 예정되어 있다고 보는 것입니다. 이를테면 "내가 오늘 아침밥을 먹은 것, 친구와 만나서 싸운 것도 예정되어 있다"고 주장하는 것입니다. 이때의 예정은 철학적 결정론이나 운명론으로 보는 것으로서 기독교는 이를 철저히 거부합니다.

그리스도인이 어떤 것(일)을 하는 것은 자신의 책임이지만 이것을 운명으로 받아들이지는 말아야 합니다. 운명론과 결정론은 무속신앙이나 전래신앙에서 주장하는 것으로 인간이 아무리 노력해도 어쩔 수 없다는 뜻입니다. 운명론은 인간을 기계나 로봇으로 보며 프로그램화되어 있으므로 변경할 수 없다고 봅니다. 하지만 그리스도인은 인간의 행동에는 반드시 책임이 따르게 되므로 운명론이나 숙명론을 따르지 않습니다. 더욱이 그리스도인의 미래는 하나님께 달려 있으니까요. 기독교에서 점이니 사주팔자를 거부하는 이유가 여기에 있습니다. 그러므로 기독교는 인간의 노력도 매우 중요시하며 운명론을 받아들이지 않습니다.

기독교의 자유의지는 구원과 직접적으로 연관이 있습니다. "인간이 스스로 선하고 의로운 일을 할 수 있는가?" 여부입니다. 다시 말해서 인간에게 스스로 선한 일을 할 자유의지가 있고 스스로 구원받을 수 있느냐 하는 것입니다. 조금 더 깊이 들어가면 인간이 율법(더 쉽게 십계명)을 완전히 준수할 능력이 있느냐는 것입니다. 만약 여기서 누군가가 율법을 완전히 지킨다면 예수 그리스도의 구속의 은총은 필요 없습니다. 내가 스스로 죄를 짓지 않으면 구원에 이르거나 신(神)이 될 수 있으니까요.

결론입니다. 기독교에서 말하는 자유의지는 구원이나 선을 행할 수 있는 능력과 관련이 있습니다. 심리학이나 철학적 개념으로 자유의지를 받아들여 결정론이나 숙명론으로 해석해서는 안 됩니다. 아담에게 자유의지를 주셨듯이 하나님은 우리 인간에게 직장, 학교, 교회를 선택하거나 일상생활에서 만나는 수많은 갈림길에서 결정할 수 있는 자유의지를 주셨습니다. 아니면 기계나 로봇이 되어버리니까요.

그런데 하나님은 인간이 선을 행하여 구원받을 자유의지를 주시지는 않았습니다. 머리부터 발끝까지 완전한 타락입니다. 만약 인간에게 선을 행해서 자신의 공로나 행위로 구원을 얻는 자유의지가 있다고 주장한다면 4세기 펠라기우스 같은 이단이 되는 것입니다. 기독교에서 말하는 자유의지는 구원론과 깊은 관련이 있다는 것을 기억하십시오.

36

정치 설교를 하는 목사님 때문에
가정과 교회가 깨져요

Q 담임목사님의 설교에서 절반 이상이 정치 이야기입니다. 특히 "너희 청년들은 틀렸다, 빨갱이들이다" 하는 목사님의 설교를 들으면 화가 납니다. 그로 인해 부모님과 자녀가 다른 정치 성향으로 싸우게 되고, 결국 교회를 떠나고 가출하는 청년들도 보았습니다. 저는 온 가족이 같은 교회를 다니고 있어서 쉽게 떠나지 못합니다. 어떻게 해야 할까요?

A 설교자가 설교하면서 일으키는 가장 큰 문제 중 하나는 정치 이야기를 하는 것입니다. 좌우 정치 세력은 서로 첨예하게 대립하고 갈등하다가 선거철이 다가오면 상황이 더 악화됩니다. 그럴 때 설교자가 정치 설교를 하면 타는 불에 기름을 붓는 격이므로 피해야 합니다. 그럼 설교자는 언제 정치 설교를 할까요? 정부가 독재 정치를 하며 집회·언론 등의 자유를 탄압하거나 말살할 때, 부정부패로 타락할 때, 타 종교 숭배를 강요할 때 등입니다.

지금은 민주화가 많이 이루어진 상태이므로 목사가 정치 설교를 할 필요는 거의 없다고 생각합니다. 군사정권 시대인 1960~1970년대에 민중신학(민중이 예수 그리스도라는 주장)이 일부 진보적 교회에 파고들었는데, 민주화에 따라 2000년에는 거의 사라졌습니다. 그런데도 극소수 교회에서 그 잔재가 보입니다. 얼마 전 예장 합신 교단을 탈퇴한 경기도 I교회도 민중신학의 영향을 받은 것으로 보입니다.

한국은 다종교 사회이며, 정교분리政敎分離 원칙을 헌법에 명시하고 있습니다. 서양 선교사들에게서 복음을 받을 때 정교분리를 채택한 것입니다. 한국개신교가 정교분리 원칙을 사수하게 된 데는 여러 가지 이유가 있는데, 몇 가지만 간단하게 설명해봅니다.

조선에 기독교가 들어올 때부터 조선 조정은 기독교가 정치에 참여하는 것을 원치 않았습니다. 선교사들도 신자들이 가뜩이나 복잡한 서구 열강의 정치에 참여하다가 다치는 것을 바라지 않았고, 본국의 선교본부도 정치적 개입을 막았습니다. 또 조선을 강점한 조선총독부도 기독교가 정치에 개입하는 것을 막았습니다.

네비우스 선교 방식도 정교분리를 원했습니다. 개신교는 19세기 말 존 네비우스John Nevius의 선교 방식에 영향을 받아 자전, 자치, 자급 등의 원칙을 실천하며 개교회의 생존과 성장에만 집중했습니다. 대부분의 선교사들도 신자들이 정치에 눈을 돌리지 못하게 막았습니다. 이런 것들이 오늘날 한국개신교의 정교분리 원칙에 중요한 역할을 담당했습니다. 결국 한국교회는 정치뿐만 아니라 사회적·경제적 문제에도 관심을 덜 기울이게 되었습니다.

 이런저런 이유로 기독교 정당과 정치 목사가 등장하는 것은 한국의 실정에 맞지 않는 일입니다. 불교나 천주교에서는 정치계에 발을 디디는 경우가 거의 없는데 기독교 정당과 목회자가 등장하면 종교분쟁과 갈등이 일어날 수도 있으니까요. 과거에 장로 서울시장이 "서울을 하나님께 드린다"고 해서 난리가 난 적이 있습니다. 종교계가 발칵 뒤집혔지요. 종교전쟁이 일어나지 않은 것만 해도 다행입니다. 대한민국이 다종교국가라는 것을 그 장로님이 잊었기 때문에 그런 실수를 한 것이지요.

 목회자도 어떤 정당을 선호하고 지지할 자유는 있지만, 성도들에게 자신의 정치적 성향을 알리는 것은 바람직하지 않습니다. 평소 설교의 방향과 내용을 잘 들어보면 어느 정도 목회자의 정치 성향을 알 수 있습니다. 그 정도면 충분하지 않을까요?

 목회자가 개인의 정치 성향을 언급해 교인들에게 특정 정당을 지지하게 하거나 거부하게 하는 것은 피해야 합니다. 성도 간의 사랑, 단결, 화합은커녕 대립, 증오, 미움이 자리를 잡을 것이기 때문입니다. 이것은 교회가 깨질 수도 있는 일입니다. 사탄이 가장 좋아하는 일이지요. 또 목사가 특정 정당을 지지한다고 공개하면서 성도들에게 특정 후보에게 투표하라는 암시를 줄 경우 실정법을 위반한 것이어서 사법 처리가 될 수도 있습니다.

 최근 전○○ 목사 같은 정치 목사들 때문에 가정과 교회에서 정치적 갈등과 분열이 생긴다고 합니다. 기독교 전도와 선교에도 장애물이 된 지 오래입니다. 그런 정치 목사 소식을 접할 때마다 평화와 치유를 외치는 기독교가 갈등과 불화를 제공하는 종교가 되었다는 것에 마음이 아픕니다.

그리스도인은 하나님의 당원이라는 것을 기억해야 합니다. 우리는 하나님 나라의 이념과 정신에 맞는 정당과 후보자를 선택해야 합니다. 정의와 공의, 평화와 희락을 실천하려는 정당과 특정인을 선택해야 합니다. 정의롭고 평화로운 나라를 만들려고 노력하고 국민을 화합하게 만드는 후보를 선택해야 합니다. 사리사욕을 챙기거나 당리당략을 추구하는 후보, 가정적이지 못하거나 비윤리적인 후보는 선택 대상에서 제외해야 합니다.

최선의 후보나 정당이 없다면 차선, 아니 차차선이라도 반드시 선택해야 하고요. 목사는 후보자의 인격, 경력, 업적, 전과, 실천 가능한 공약 등 여러 가지를 검토하라고 설교할 수는 있습니다. 하지만 그것도 선거철에 단 한 번 정도만 설교하면 좋으리라 봅니다. 시편 72편을 주제로 설교하면 좋을 것입니다. 혹시 내 마음에 들지 않는 대통령, 위정자, 국회의원이 선출된다 해도 그리스도인은 그들이 올바른 정치를 할 수 있기를 기도해야 합니다.

제 생각에는 그 교회를 떠나는 것을 고려해야 할 것 같습니다. 부모님과 같은 교회를 섬기면 좋지만, 그것은 희망 사망일 경우가 많습니다. 그리스도인 가족도 언젠가는 헤어져야 합니다. 직장, 결혼, 죽음 등 여러 가지 이유로 가정이든 교회든 헤어져서 따로 예배를 드려야 할 때가 오기 마련입니다. 지금은 그 시기가 조금 빨리 왔다고 생각하면 좋을 것 같습니다. 교회는 공교회성을 지니므로 정통교회라면 어느 교회를 섬겨도 상관없습니다. 다른 교회로 간다고 해서 부모님을 사랑하지 않는 것이 아니라는 점을 잘 설명해드리십시오.

37

종교는 불확실한 미래와 공포를 이용하는 건가요?

Q 저는 불신자로서 기독교를 포함한 모든 종교가 알 수 없는 사후 세계만 중요하게 여긴다고 평가합니다. 열반, 천당, 지옥, 구원 같은 가상적 미래를 이야기하면서 현실은 중요하게 여기지 않는 것 같습니다. 참으로 종교란 인간의 공포를 이용하는 이익집단으로 보입니다.

A '알 수 없는 사후 세계, 공포를 이용한 이익집단'이라는 말씀에 어느 정도 공감합니다. 신자들에게 천국과 지옥을 강조하며 개인과 가정을 파탄시키고 사회 분열을 조장하는 사이비 교주들이나 소수의 이단 목사가 있기 때문입니다. 저는 기독교(개신교) 목사이므로 다른 종교에 대해서는 언급하지 않고 기독교에 대해서만 말씀드리겠습니다.

아시는 바와 같이 기독교에서는 사람의 사후 세계를 둘로 구분합니다. 천국과 지옥입니다. 그 외에는 없습니다. 천국은 살아 있을 때 예수님을 모든 죄에서 구원해주신 구세주로 믿어 하나님의 자녀가 된 사람이 가는 곳입니다. 반대로 지옥은 살아 있을 때 예수님을 믿지 않은 사람이 가는 곳입니다. 이것이 기독교의 정통적이고 보편적인 종말관입니다. 하지만 이것은 기독교의 종말관인 천국을 좁게 본 것으로서 '협의의 천국관'이라 할 수 있습니다.

한편, 기독교의 천국은 죽어야 가는 미래에도 있지만 현재(현실)에도 존재합니다. 우리는 이것을 '광의의 천국'이라고 부릅니다. 즉, 우리가 사는 현 세상과 사회에서도 천국은 이루어져야 한다는 것이지요. 그러나 적지 않은 신자들이 광의의 천국 개념을 모르고 죽어서 가는 협의의 천국에만 집착한 나머지 현재에 이루어질 천국이나 이미 와 있는 천국을 간과하거나 무시하는 것을 자주 봅니다. 그런데 천국은 내 마음속에 먼저 이루어져야 합니다. 그리고 너와 나의 관계 속에, 가족 안에, 직장 안에, 사회 안에, 국가 안에 이루어져야 합니다.

오늘날 그리스도인이 암울하고 절망적인 현실에서 공의, 정의, 사랑, 평화, 기쁨 같은 것들을 이루어나가고 경험하는 것이 옳은 천국관입니다. 그리스도인이 하는 일과 능력과 선행이 비록 미약해도 이 세상에 천국을 만들어나가는 것입니다. 나와 교회가 할 수 없는 나머지는 하나님 손에 맡긴다는 것이 그리스도인의 천국관입니다. 기독교에서는 이런 것을 '이미 이루어졌다'와 '아직 이루어지지 않았다'고 부릅니다.

반대로 이런 공의, 정의, 공평, 평화의 좋은 세상이 이루어지지 않으면 바로 현실이 지옥이 되는 것입니다. 예를 들어봅니다. 저는 이 세상이 지옥이라고 느낄 때가 자주 있습니다. 제 마음이 고통과 번민으로 괴로울 때, 형제자매가 더 많이 가지려고 다투는 것을 볼 때, 부부가 서로 미워하고 등을 돌릴 때, 국가 간의 전쟁으로 수많은 사람이 다치거나 죽는 것을 볼 때……. 그렇다면 천국과 지옥은 어떤 사람들이 만드는 것이 아니라 이미 세상에 존재할 수도 있다는 의미가 아닐까요? 인류 역사상 가장 많이 팔리고 읽힌 성경을 한 번쯤 읽어보았다는 전제하에 말씀드립니다. 성경은 천국과 지옥이 미래가 아니라 현재에도 있다고 합니다. 그렇다면 천국과 지옥은 미래뿐 아니라 현재 이 세상에도 존재할 수 있다는 것이 아닐까요?

세상에서 나만 잘 먹고 잘살자고 다른 사람을 짓누르고 빼앗는 사람들이 있습니다. 많이 가지고 있으면서도 더 많이 가지려고 가난하고 힘없고 배우지 못한 사람들의 것까지 빼앗으면서 나쁜 짓 하는 사람들을 우리는 주위에서 흔히 봅니다. 그들은 부와 명예와 권력을 마음껏 누립니다. 그들에게는 법망도 허술해서 미꾸라지처럼 잘 빠져나가지요. 그렇습니다. 악인들과 죄인들이 법의 심판을 받지 않거나, 간혹 심판을 받더라도 턱없이 약한 경우를 봅니다. 그런 사람들이 죽어서까지도 심판 없이 평안하게 살면 되겠습니까?

예를 들어 북한의 김일성과 김정일은 무소불위의 신神과 같은 권력을 누리며 수많은 사람을 죽였지만 어떤 심판도 받지 않고 평화롭게 죽었습니다. 그리고 자식들에게 권력과 명예와 부를 대물림했습니다. 그런 사람들이 죽어서 천국에 가도 되나요? 아니면 지옥에 가야 하나요? 아니면 영원히 자거나 우주에서 사라지나요?

인간이라면 누구나 태어날 때 빈손으로 오고, 죽을 때도 빈손으로 갑니다. 무無에서 무로 돌아가야 하는데, 세상에 몹쓸 유有를 많이 남기고 갔다면 당연히 심판이 있어야 하지 않을까요? 그래야 세상은 공평하고 덜 억울하지 않을까요? 그래서 지옥은 사람들이 인위적으로 만든 곳이 아니라는 것입니다. 누군가가 어떤 사람의 일생의 선악을 심판해야 하지 않을까요? 그리스도인은 그런 역할을 하는 분을 여호와 하나님이라 부릅니다.

이 세상 어디에나 선과 악은 공존합니다. 기독교 안에도 악은 존재합니다. 이단·사이비 교주도 있고 삯꾼 목사, 거짓 목사도 있습니다. 신자들이 피땀 흘려 번 돈을 가로채는 몹쓸 사람들이 있다는 것을 부인하지 않습니다. 하지만 가난하고 소외된 계층을 돕는 단체나 개인 대부분이 그리스도인이라는 것은 삼척동자도 아는 사실입니다. 그리스도인은 오른손이 한 일을 왼손이 모르게 하라는 가르침에 따라 무명으로 선행을 하는 경우가 많습니다. 소수의 못된 목사나 이단 교주를 제외하고 적지 않은 목사들이 청렴결백하게 사역하며 가난하고 힘들게 사는 분들을 음지에서 돕습니다.

따라서 기독교가 이익집단이라는 말은 너무 심한 주장이 될 것 같습니다. 무소유를 실천했거나 지금도 그런 삶을 살려고 노력하는 기독교 목사들이 적지 않습니다. 기독교 바깥에서 기독교를 평가하는 것과 안에 들어와서 기독교를 평가하는 것은 많이 다릅니다. 기독교 안에서 직접 확인해보셨으면 하는 아쉬움이 남습니다.

사람이 죽으면 천국에 갈 확률이 50%, 지옥에 갈 확률이 50%입니다. 로또 1등에 맞을 확률은 814만분의 1이라고 합니다. 0.00001%라는 뜻이지요. 이렇게 확률이 엄청나게 낮은데도 로또를 구입하는 사람들이 부지기수입니다. 그런데 천국에 갈 확률이 50%라면 투자(?)할 가치가 있지 않을까요? 형제는 지금 천국 같은 기쁨과 평화를 누리고 있나요, 아니면 지옥 같은 삶을 살고 있나요? 진솔하게 대답해보십시오.

전 세계에서 한 해에 노쇠하거나 질병 또는 사고로, 때로는 전쟁으로 다치거나 죽는 사람들이 평균 1억 1천만 명입니다. 우리나라에서만 2021년 기준 31만 명이 세상을 떠났습니다. 하루에 평균 850명이 죽는다는 뜻입니다. 우리가 아무리 건강해도 오늘 죽을지 내일 죽을지 아무도 모릅니다. 그런데도 죽지 않는다고 믿는다면 어리석은 사람입니다. 미래는 불확실하지 않습니다. 모든 사람이 확실히 죽습니다. 누구도 영원히 살지 못합니다. 이것은 불변의 진리입니다.

매일 힘들고 어려운 가운데서도 천국을 경험하며 살아가는 사람들도 적지 않습니다. 지옥 같은 세상을 천국으로 느끼며 살기도 하고, 현실이 지옥 같다고 느끼면서도 미래에 다가올 천국을 소망하며 살아가는 사람들이 바로 그리스도인입니다. 오늘 가까운 교회당에 가셔서 목사님과 상담해보시길 바랍니다. 아니면 저에게 연락을 주십시오. 내일은 늦을 수도 있습니다.

38

죽음만 생각하면 두려워요

Q 부모님과 헤어져야 할 시간이 다가온다는 것이 너무나 두렵고 가슴이 떨립니다. 저는 20년을 천주교회에 열심히 다녔고, 지금은 개종해서 장로교회에 다닙니다. 새벽기도도 다녀보고 스스로 노력은 했는데, 어떻게 하면 하나님을 만나고 믿음이 자랄 수 있을까요? 죽음만 생각하면 두렵습니다.

A 부모님이 연로하시거나 집사님의 건강이 좋지 않은 것으로 보입니다. 그런 상황에서도 하나님을 떠올리지 못하거나 영생에 관심이 없는 사람들이 많은데, 이렇게 하나님과 죽음을 기억할 수 있다는 것은 대단하다고 생각합니다.

먼저 기억해야 할 것이 있습니다. 하나님을 만나는 것이 실제로 하나님의 모습을 본다거나 음성을 듣는 것이 아니라는 점입니다. 『목사님 궁금합니다』 1권의 시작 부분인 신앙상담 1~6번 내용이 도움이 될 것입니다. 특히 하나님을 만나는 것이 무엇을 의미하고 어떻게 만나는지는 1권 35쪽에 나와 있습니다.

말씀하신 대로 교회만 열심히 다니거나 자주 간다고 해서 믿음이 자라는 것은 아닙니다. 그저 교회당에만 간다고 믿음의 정체를 알기는 어렵습니다. 저는 30년을 교회에 다니고도 믿음과 구원이 무엇인지 올바르게 몰랐으니까요.

한국교회에서 믿음이 좋다고 하는 분들의 기준은 대개 이렇습니다.

(1) 성경을 많이 읽어 성경 지식이 많은 신자
(2) 교회에 충성하며 헌금, 봉사, 전도를 많이 하는 신자
(3) 목사에게 충성하여 순종하고 '아멘' 하는 신자
(4) 신비로운 경험을 많이 한 신자

하지만 반드시 그렇지 않다는 것을 기억해야 합니다. 믿음은 하나님이 주시는 은혜(선물)이지만, 사람이 해야 할 일이 있습니다.

첫째, 하나님(주님)이 바로 내 주인이요 나는 자발적 종이라는 것을 믿는 것입니다.

하나님은 창조주요 나는 피조물이라는 것을 인지해야 합니다. 하나님이 부르시면 언제든지 가야 한다는 것을 이해해야 합니다. 그때가 언제인지는 아무도 모르지만 준비가 돼 있어야만 합니다. 누구나 한 번 죽는 것은 정해진 이치니까요.

둘째, 믿음이란 내가 하나님의 딸이 되었다는 것을 믿는 것입니다.

누가 뭐라고 해도 하나님과 나의 관계가 끊기지 않는다는 것을 믿는 것입니다. 현재 집사님을 보면 부모님을 몹시 사랑하고 아끼므로 죽음이 두려운 것입니다. 내가 모르는 사람이 죽으면 별 감정을 느끼지 않으니까요. 부모, 형제는 내가 사랑하므로 죽으면 다시 볼 수 없어 두렵고 무서운 것입니다. 하지만 그리스도인에게 죽음은 소망이 됩니다. 죽어야 하나님을 만나고 그 품에서 영원히 살 수 있으니까요.

셋째, 하나님을 의지하는 것입니다.

내 모든 삶을 주님께 맡기고 신뢰하는 것입니다. 팥으로 메주를 쑨다고 하나님이 말씀하시면(성경 속에서) 그대로 믿고 의지하는 것이지요. 믿음은 평생 자라고 성장하는 것입니다.

또 부모님의 사랑보다 더 진하고 깊은 것이 하나님의 사랑이라는 것을 기억해야 합니다.

첫째, 하나님이 인간이 되었습니다. 즉, 최고의 신인 하나님이 인간이 된 것입니다. 이런 종교는 기독교밖에 없습니다.

둘째, 하나님이 하나밖에 없는 외아들 예수님을 가장 미천하고 작은 인간으로 보내셨습니다. 그것도 보잘것없는 가난한 목수의 집안에 태어나게 하신 것입니다.

셋째, 예수님은 겨우 33세의 나이에 십자가에서 비참하게 죽으셨습니다. 다른 사람이 아니라 바로 집사님의 죄를 용서하고 영원한 삶과 죽음을 위해서 죽으셨습니다.

혹시 영접 기도를 하지 않았다면 다음과 같이 소리 내어 기도하십시오. 평생 단 한 번만 하면 됩니다.

사랑의 하나님.

저(○○○)는 죄인입니다. 하나님의 사랑과 계획 속에 제 죄를 대신해서 예수님께서 십자가에서 돌아가셨고 부활하셨다는 것을 믿습니다. 제 마음 문을 열고 예수님을 구주로 영접합니다. 저(○○○)는 이제 모든 죄를 용서받고 하나님 아버지의 자녀가 되었습니다. 저의 삶을 주관해주시고 제 마음에 들어오셔서 이제부터 영원토록 함께하여 주시옵소서.

예수님의 이름으로 기도합니다. 아멘.

이렇게 영접 기도를 하면 이제 집사님은 모든 죄, 즉 원죄와 자범죄自犯罪를 다 용서받고 하나님의 딸이 된 것입니다. 그리고 죽자마자 내 영혼은 낙원(천국)으로 가고, 내 육체는 재가 될 것입니다. 영원히 사는 것입니다. 죽는 게 아니라 새로운 삶이 시작되는 것이지요. 그 뒤 예수님이 재림하실 때 내 영혼과 육체가 만나 전인적 인간이 될 것입니다. 마치 예수님의 부활하신 몸처럼……

조금 다른 각도로 바라봅니다.

집사님이 죽음을 무서워하는 것은 어쩌면 당연합니다. 죽음을 두려워하지 않는 사람은 아무도 없습니다. 다만 자신의 신념, 의지, 의식,

철학, 종교가 죽음을 무서워하지 않게 할 수 있습니다. 죽음을 두려워하는 것은 믿음이 부족하기 때문입니다. 게다가 구원이 무엇인지 몰라서 두려워하는 것입니다.

기독교에서는 불신자는 죽어서 유황불이 꺼지지 않는 음부(지옥)에서 영원히 산다고 말합니다. 그러나 그리스도인의 죽음은 세상 사람인 불신자와는 달라서 죽자마자 낙원(천국)으로 갑니다.『목사님 궁금합니다』1권 42쪽의 "구원의 확신이 없어요"를 읽어보면 도움이 되리라 생각합니다. 죽음의 공포가 많이 줄어들 것입니다.

39

찬양할 때 느끼는 감정도 성령님이 주신 감동일까요?

Q 찬양하면서 느끼는 감정도 성령님께서 주신 감동일 것으로 생각합니다. 감정에 심취하지 않고 지성과 균형을 맞추려면 어떻게 해야 하나요?

A 찬양하면서 느끼는 감정도 성령님께서 주신 감동일 것이라는 생각은 맞을 수도 틀릴 수도 있습니다. 한국 교인들은 대부분 찬양할 때 곡조와 가사가 아름다우면 가슴이 뜨거워지고 눈물을 흘리는 경향이 있습니다. 주로 청소년 집회나 찬양 예배를 드릴 때 그런 감정에 사로잡히곤 합니다.

그런데 좋아하는 대중가요 가수가 노래할 때나 가사에서 감동을 받아도 그런 감정에 빠질 수 있습니다. 그럴 경우 우리는 교회음악과 세상 음악 사이에 어떤 차이가 있는지 구별하기 어려울 때가 많습니다. 교회음악에서 어떤 감정을 느꼈다고 해도 신앙의 방향과 삶의 모습과 패턴에 변화가 없다면 그것은 단순한 감정일 수 있다는 것입니다. 흥미로운 것은 세상 음악을 듣고 가치관과 인생관이 바뀌는 경우는 거의 없다는 점입니다.

한국 교인들은 이런 값싼 감정에 많이 치우쳐 있습니다. 찬양을 하거나 좋은 설교를 듣고 은혜를 받았다고 말하는 신자들이 가정에서 사회에서 시기하고 다투는 모습을 너무 많이 봅니다. 특히 예수를 믿는다는 국회의원들을 보면 감정만 있고 지성과 이성과 지혜는 없다고 느낄 때가 많습니다. 그렇다면 찬양할 때 느끼는 감정도 성령의 감동이 아니라 자기 마음의 감동이라고 생각해볼 수 있습니다. 삶에 아무 변화가 없다면 성령의 감동과는 거리가 멀다고 말이지요.

참된 신앙은 지성과 지식과 이성을 무시하지 않습니다. 그러려면 원론적이지만 성경과 교리를 잘 알아야 합니다. J전도단과 D기도회를 예로 듭니다. J전도단에 문제가 있다는 것을 알려면 은사주의나 신비주의나 신사도주의가 무엇인지 공부해야 합니다. J전도단에서 말하는 하나님 음성 듣기나 가난의 영, 선포 기도나 대적 기도에 문제가 있다는 것을 분별할 수 있어야 합니다. D기도회에서도 기복신앙, 성공신앙과 신사도주의 성향을 지닌 사람들이 간증한다면 분별해서 멀리할 수 있는 능력과 실력을 길러야 합니다.

한국 교인들은 지성과 이성과 지혜가 많이 부족합니다. 교회에 들어올 때는 대개 생각하고 평가하는 뇌를 쏙 빼놓고 들어옵니다. 그러고는 설교는 물론 찬양 가사에 문제가 있다는 것을 알지 못하고 그냥 찬양합니다. 분위기에 휩쓸려 다른 신자들을 보며 함께 몰입합니다. 신학적으로 틀린 가사가 있어도 아무 생각 없이 박수거나 눈시울을

붉힙니다. 사실 신학적으로 틀린 가사는 찬송가에서 어렵지 않게 발견할 수 있습니다.

44장 1절의 "(중략) 주의 전(성전)에 모여서 감사 찬송합니다"라는 가사는 성전이 아니라 예배당으로 바꾸어야 합니다.

177장 1절에 "오랫동안 고대하던 천년왕국 이를 때 주의 신부 공중으로 들려 가겠네"라는 가사가 나옵니다. 이때 휴거 개념은 세대주의 관점이며, 무천년주의는 수용할 수 없습니다.

183장 1절에는 "(중략) 주님이 약속한 성령 간절히 기다리네 (중략) 성령의 단비를 부어 새 생명 주옵소서"라는 가사가 나오는데, 이것도 잘못입니다. 주님을 구세주로 고백한 신자는 이미 성령을 받았는데 또 기다리고 받으라면서 구원의 확신을 빼앗아가기 때문입니다.

그런데 분별력을 기르려면 시간이 많이 필요합니다. 건전한 신앙서적과 교리책을 읽고 성경을 읽을 때도 그냥 읽지 말고 자신의 수준에 맞는 주석을 참고해가며 읽어야 합니다. 결국 이성과 지성을 개발하려면 공부해야 한다는 뜻입니다. 공부하지 않으면서 기도만 주야장천 하면 하나님이 다 알게 해주신다는 착각에 빠져서는 안 됩니다.

신앙에는 지정의知情意가 반드시 필요합니다. 한쪽으로 치우치거나 쏠려서는 안 됩니다. 기독교는 지정의 신앙을 모두 요구합니다. 지정의가 어느 정도 균형을 이룰 때 빛과 소금이라는 열매가 주렁주렁 열리는 참그리스도인이 됩니다. 신앙에 지식과 지성이 있는데 감정이나 의지가 없는 사람은 냉철하고 똑똑한 신학자는 될지언정 참그리스도인이 될 수 없습니다. 이와는 달리 신앙에 지식과 지성이 없이 감정에 치우치면 신비주의자가 되고, 의지에 치우치면 금욕주의자가 되기 쉽습니다. 한국 신자들은 감정에 치우친 신앙생활을 하는 경향이 있습니다. 그래서 은사주의나 신비주의에 쉽게 빠지는 것입니다.

　마지막으로 지정의 가운데 '의'입니다. 그리스도인은 하나님 말씀대로 살아가기 위해 은혜를 구하는 기도를 하고, 생활 속에서 말씀 따라 살기 위해 노력하며 회개해야 합니다. 이것은 구원을 받는 신자들이 반드시 거쳐야 하는 성화의 과정이지만, 등한시하거나 무시하는 아픈 영역이기도 합니다.

㊵ 천국과 지옥 간증을 믿어도 되나요?

Q 어느 목사님이 지옥에 갔더니 창으로 찌르고 칼로 베는 일도 있다면서 공포감을 조성합니다. 천국에도 가니 크고 작은 황금집도 있지만 초가집에 사는 사람도 있다고 합니다. 이런 간증을 믿어도 되는지요?

A 한마디로 말씀드립니다. 절대로 믿지 마십시오. 그런 간증은 지극히 개인적인 것이며, 정통교회는 이를 수용하지 않습니다. 그 목사님이 본 것은 개인의 부정확한 체험과 확신에 불과하며 비성경적이고 비신학적입니다. 인터넷과 유튜브에서 '내가 본 천국'을 검색하면 수많은 동영상과 간증 서적이 나옵니다. 그런 동영상과 서적의 경우 부분적으로 옳은 면도 있지만 대부분 비성경적입니다. 쓰레기통으로 들어가야 할 것들이지요.

사람은 천국이나 지옥을 왕래할 수 없습니다. 천국이나 지옥을 꿈, 환상, 비몽사몽 간에 갔다 왔다거나 직접 보았다고 하는데 이는 모두 가짜라고 보는 것이 옳습니다. 예를 들어 퍼시 콜레Percy Collet가 천국을 보았다는 내용인 『내가 본 천국』 간증의 경우 그의 동역자가 가짜라고 폭로했습니다. 천국 간증으로 유명한 여섯 살 소년 알렉스 말라키의 책 『천국에서 돌아온 소년』은 한국에서도 베스트셀러가 되었지만, 말라키 자신이 모두 거짓이었다고 고백했습니다. 그런데 아직도 그런 간증을 신뢰하는 신자들이 있어서 문제가 심각합니다.

성경을 보면 꿈이나 허황된 말로 인도하는 사람들에 대한 내용이 나옵니다. 하나님이 거짓된 꿈을 꾸거나 허황되고 무모한 말로 신자들을 유혹하는 사람들에 대해 경고하는 말씀입니다. 그런 사람들은 하나님과 관계가 없다는 것입니다. 그런 거짓말은 우리 신앙에 아무런 도움도 유익도 되지 않습니다. 도리어 신앙에 대한 두려움과 무서움만 일으키거나 나쁜 목회자에게 종노릇 하게 할 것이 뻔합니다.

> 여호와의 말이다. 보라. 거짓된 꿈들을 예언하는 사람들을 내가 대적할 것이다. 그들은 거짓된 꿈들을 말하며 그들의 거짓말들과 무모함으로 내 백성을 그릇되게 인도하고 있다. 그러나 나는 그들을 보내지도 않았고 임무를 주지도 않았다. 그들은 이 백성들에게 전혀 유익이 되지 않는다. 여호와의 말이다.
>
> _ 예레미야 23:32 (우리말성경)

천국과 지옥을 동시에 보여주는 귀한 본문이 누가복음 16장입니다. 예수님은 어떤 부자와 거지 나사로 이야기를 꺼내십니다(19~31절). 세상에서 고생만 하다가 죽은 나사로는 천사에게 이끌려 아브라함의 품에 들어가서 안식과 위로를 받았습니다(22절, 25절). 그런데 세상에서 호의호식하던 부자는 음부(지옥)로 갔습니다. 부자는 음부에서 고통을 겪고(23절, 25절), 괴로움을(24절) 당하고 있습니다. 음부와 낙원 사이에는 큰 구렁텅이(26절)가 놓여 있어서 여기서(낙원) 너희 쪽(음부)으로 건너가고 싶어도 갈 수가 없고, 거기서도(음부) 우리 쪽으로(낙원) 건너올 수 없다고 합니다. 누구도 천국과 지옥을 왕래할 수 없다는 말씀입니다. 그런데 두 곳을 다 왕래했다고 말하는 사람들을 보면 이해할 수 없습니다.

본문에 나오는 '모세와 선지자'는 두 가지로 해석할 수 있습니다.

첫째, 모세와 선지자는 율법과 선지서를 가리키는 것으로 구약성경 전체를 의미하며, 성경말씀의 가르침인 하나님 사랑과 이웃 사랑을 실천하라는 뜻입니다. 나사로처럼 가난한 이웃을 무시하거나 멸시하지 않고 함께 도와주고 사랑하며 살라는 뜻입니다.

둘째, 모세와 선지자들이 하는 말이나 가르침을 들으라는 것입니다. 적용하자면 목회자들이 전하는 올바른 천국과 지옥 설교나 강의에 귀를 기울이라는 의미입니다.

어느 쪽을 선택해도 좋지만 저는 후자를 선택합니다.

천국과 지옥을 왕래했다는 말을 믿지도 않지만, 천국을 보고 지옥도 보고 왔다고 해도 그런 말을 듣거나 신뢰하지 말라는 강한 교훈이 담겨 있습니다.

우리는 "모세와 예언자들의 말을 듣지 않으면 비록 죽은 사람들 가운데 누가 살아난다 해도 그들은 믿지 않을 것"(누가복음 16:31)이라는 말씀을 매우 소중하게 간직해야 합니다. 부자는 자신의 형제들이 죽은 자 가운데서 다시 살아난 나사로의 말은 반드시 들을 것이라고 했지만 아브라함은 그렇지 않다고 합니다. 아브라함은 모세와 선지자인 구약성경(오늘날로 치면 신약성경과 구약성경의 가르침)을 읽어 그 속에서 고통의 장소인 음부를 발견할 수 있다고 말합니다. 심지어 나중에 예수님이 부활하셨어도 유대인들이 그 부활을 믿지 않았다는 데서 이 본문의 역설이 두드러집니다. 아마 예수님은 자신의 죽음과 부활을 예견하며 이 본문을 말씀하신 것으로 보입니다.

천국과 지옥 간증에서 중요한 것이 또 사도 바울의 간증입니다(고린도후서 12:1~7). 바울은 셋째 하늘(예수님이 계시는 하늘나라인 낙원)에 갔다 온 전무후무한 사람입니다. 사울은 자신이 꿈인지 비몽사몽인지 아니면 실제로 갔다 왔는지는 말하지 않습니다. 낙원에서 말할 수 없는 것을 듣고 보았지만 전혀 발설하지 않았습니다. 도리어 그는 하나님으로부터 교만하지 말라고 사탄의 가시를 받았습니다. 그 가시가 얼마나 힘들고 어려웠으면 가시를 없애달라고 세 번이나 기도했지만 하나님은 이를 거절하셨습니다.

천국과 지옥을 간증하는 사람들이 빠뜨리지 않는 내용이 있습니다. 바로 교회생활과 신앙생활에 대한 강조입니다. 천국에서 예수님이 이렇게 질문한다고 합니다.

"너는 땅에서 성경을 얼마나 읽었느냐?"

"너는 헌금을 얼마나 했느냐?"

"너는 땅에서 전도를 얼마나 했느냐?"

"너는 십일조를 어떻게 했느냐?"

"너는 기도 생활을 얼마나 하였느냐?"

모두 믿음보다는 행위에 치우친 것들입니다. 흥미로운 것은 이런 말들이 우리가 교회에서 늘 해오던 것들이라는 점입니다. 목사가 평소에 하고 싶거나 강조하고 싶던 말을 예수님에게도 살짝 적용하는 것이지요. 이것은 예수님을 팔아먹는 못된 행위입니다.

천국과 지옥은 성경에 나오는 진리의 말씀입니다. 우리가 경계해야 할 것은 천국과 지옥을 다녀왔다거나 보고 왔다고 하는 허구나 기만입니다. 천국(낙원)은 예수를 구주로 고백하고 구원받은 사람들이 들어가는 곳입니다. 생전에 행한 선한 행위나 공로는 상급이라고 하며, 구원과는 관계가 없습니다. 천국은 눈물이 없는 곳, 하나님의 영광과 예수님이 등불이 되는 곳, 수정같이 맑은 생명수의 강이 흐르고 달마다 12가지 과일이 열리는 곳(요한계시록 21~22장) 정도로 이해하면 좋습니다.

지옥(음부)은 불신자나 이단·사이비 그리고 사탄·마귀가 가는 곳으로서 꺼지지 않는 불못lake of fire, 어두운 곳, 유황 불못으로 이해하면 좋을 것 같습니다. 재미있는 점은 불이 있으면 환해야 할 텐데 어둡다는 것입니다. 어두운 곳은 사악이 판을 치는 곳입니다. 지옥불은 꺼지지 않는 영원한 불입니다. 가장 잔인한 형벌이 화형이라는 것을 기억하면 좋을 것 같습니다.

천국과 지옥을 궁금해하는 것은 바람직하지 않습니다. 그러니 누가 천국과 지옥 간증 이야기를 하면 무시하거나 머릿속에서 지워버리십시오. 내가 이단·사이비가 아니고 불신자가 아니라면 지옥을 걱정하고 염려할 필요가 없습니다. 어떤 불가피한 사유로 교회에 출석하지 않는다거나 십일조를 내지 않는다고 해서 지옥에 가는 것은 아닙니다. 십일조나 감사헌금을 하지 않는다고 지옥을 운운하거나 천국에서 개털 모자를 쓰고 초가집에 산다고 말하는 사람들은 다 가짜요 거짓이요 돈을 밝히는 삯꾼입니다.

천국이 어떤 곳인지 우리가 알 필요가 있다면 하나님은 우리에게 충분히 알려주셨을 것입니다. 그런데 그럴 필요가 없으니 다 알려주시지 않고 맛보기만 보여주신 것 같습니다. 기대와 소망을 품고 기다리며, 죽으면 반드시 천국에 들어간다는 확신을 가지고 살아가면 그것으로 충분합니다.

41

천국에는 기쁨만 있다는데 이해가 되지 않아요

Q 가족 중에서 저 혼자만 예수를 믿습니다. 믿지 않고 돌아가신 아빠는 천국에 없고 장차 저만 천국에 가는데 어떻게 슬픔과 고통이 없나요? 천국에는 기쁨만 있다고 하는데 이해가 되지 않습니다.

A 가족 중에서 혼자만 예수님을 믿고 계시군요. 사랑하는 아빠가 먼저 자매님 곁을 떠났군요. 하나님께서 자매님을 위로하시고 위안해주시길 기도합니다. 우리가 할 일을 다 마치고 천국에 가면 주님은 우리에게 이렇게 말씀하실 것입니다.

그 주인이 이르되 잘하였도다 착하고 충성된 종아 네가 적은 일에 충성하였으매 내가 많은 것을 네게 맡기리니 네 주인의 즐거움에 참여할지어다

_ 마태복음 25:21

하나님이 각자에게 주신 달란트(재능)를 잘 사용한 뒤 이 세상을 떠날 때 하나님은 우리가 예수님과 함께 즐거움과 기쁨을 누리게 하실 것입니다. 심지어 하나님은 우리에게 세세토록 왕 노릇 하게 하실 것입니다(요한계시록 22:5). 성경에서 그 즐거움과 기쁨을 설명하지 않아서 어떤 종류, 어느 정도일지는 정확히 알 수 없습니다. 또 우리가 예수님과 함께 영원히 왕 노릇 하게 해주실 것이지만 어떤 권세와 통치일지는 성경이 말하지 않습니다. 천상 세계에서 천국 백성이 어떻게 우주와 자연을 통치하고 관리할지 모른다는 의미입니다.

그런데 분명한 것이 있습니다. 천국에 가면 우리를 슬프게 하는 것이 없어 무엇인가를 안타까워하거나 그리워하지 않으며, 눈물도 흘리지 않는다는 것입니다.

> 모든 눈물을 그 눈에서 닦아 주시니 다시는 사망이 없고 애통하는 것이나 곡하는 것이나 아픈 것이 다시 있지 아니하리니 처음 것들이 다 지나갔음이러라
>
> _ 요한계시록 21:4

천국에 있는 백성은 아프지도 않고 죽지도 않으므로 고통이나 슬픔이 있을 수 없습니다. 천국에는 후회, 아쉬움, 분열, 갈등, 다툼도 없습니다. 모두가 죄와 악을 범하지 않는 상태로 지내니까요.

천국에 있는 가족, 친지, 친구들은 얼굴이나 다른 어떤 모습을 보고

서로 알아볼 것입니다. 모세와 엘리야를 베드로와 야고보, 요한이 알아본 것처럼요(마태복음 17:3~4). 부자와 나사로 비유에서도 각자의 정체성을 가지고 있습니다. 다만 한 사람은 천국에, 다른 한 사람은 지옥에 있다는 것만 다를 뿐입니다(누가복음 16:19~31).

천국에서는 부부끼리 다시 결혼하지 않습니다(마태복음 22:30). 가족, 친척 개념도 없을 것입니다. 지상에 남아 있는 가족이나 친지를 향한 그리움이나 안타까움도 없습니다. 그런데 지옥에 간 사람은 고통과 슬픔, 그리움 등을 느낄 것입니다.

천국에서는 모두가 가족 관계를 벗어나 서로 친밀하고 의미 있는 관계를 맺으며 살아가게 됩니다. 죄인과 악인이 없으므로 서로 아름답고 좋은 관계를 맺으며 기쁨과 즐거움을 누립니다. 고아, 과부, 나그네, 장애인 같은 경제적·사회적·신체적 약자도 더 이상 아무런 의미가 없으며 모두 안락과 기쁨을 누립니다.

마지막으로, 한국교회에는 천국에 가야만 하나님을 만나고 천국의 즐거움과 기쁨을 누릴 수 있다고 잘못 생각하는 성도들이 많은데, 그렇지 않습니다. 성도에게 천국은 단순히 미래가 아니라 현재가 되어야 합니다. 비록 우리가 이 세상에 사는 동안에는 슬픔과 고난, 고통과 아픔, 이별 등 수많은 고난과 역경이 사라지지 않지만, 천국은 이미 구원받은 우리의 마음에 와 있습니다(누가복음 17:20~21). 다만 그 천국은 아직 완전히 이루어지지 않았고, 예수님이 재림하셔야 이루어집니다. 우리는 그 천국을 부족하나마 내 마음속에서, 가정에서, 교회에서, 일터에서, 사회에서 만들어가야 합니다.

부디 죽어서 가는 천국뿐 아니라 이 세상에서도 천국을 누리는 신앙을 가지시길 바랍니다.

42

천주교로 개종하려고 합니다

Q 개신교회의 목사 세습과 특정 권력을 지지하는 설교로 회의감이 듭니다. 천주교로 개종하려고 하는데 주위에서 말립니다. 왜 천주교보다 개신교를 믿어야 하는지 알려주세요.

A 섬기는 교회의 부패나 타락한 모습에 실망해 천주교로 개종을 계획하고 있군요. 천주교는 기독교와 다른 부분이 많습니다. 크게 교리 부분과 예배 방법, 성례전에서 차이가 납니다. 그런 것을 모두 설명하려면 시간이 많이 걸리므로 핵심적인 부분만 말씀드립니다. 바로 그것은 구원관입니다. 모든 종교에서 중요한 것은 '죽은 뒤 내가 어떻게 되느냐?' 하는 문제입니다.

천주교(로마 가톨릭)는 믿음과 선한 행위가 없으면 구원을 얻을 수 없어서 천국에 들어갈 수 없다고 합니다. 구원을 얻으려면 믿음과 선한 행위가 조건이 됩니다. 그것이 어렵다 보니 천주교에서는 연옥(煉獄)이라는 일종의 지옥 교리를 만들어냈습니다. 연옥은 성경에 직접적으로 언급되지 않지만, 백번 양보해서 연옥이 있다고 칩시다. 연옥은 일종의 지옥입니다. 한자로 '쇠무를 연煉'과 '지옥 옥獄'자를 씁니다. 쇠가 물러서 녹을 만큼의 고통을 느끼는 곳이라는 뜻입니다. 천주교 교리에 따르면 교황, 추기경이나 신부들은 천국으로 직행하지만 그 밖의 모든 신자는 연옥에 가고, 그 뒤 교회나 남은 가족의 기도로 천국에 가게 됩니다.

기독교는 처음에는 선행이 필요 없습니다. 예수를 믿는 믿음으로 구원을 얻습니다. 구원의 결과, 성과 또는 열매로 선한 행위가 뒤따른다고 합니다. 사람의 인격과 노력에 따라 선행의 결과에는 많은 시간이 필요합니다. 10년, 아니 평생 예수를 믿어도 선행을 하지 못하는 경우도 있다는 것을 기억해야 합니다. 하지만 먼저 믿음과 선행을 구원의 조건으로 내세우는 천주교와 믿음은 조건이지만 선행은 믿음의 결과라는 기독교는 엄청난 차이가 있습니다.

저는 천주교에 열려 있는 목사지만, 천주교를 건강하지 못한 교회라고 생각합니다. 교리상 부패하고 타락한 교회라는 뜻입니다. 천주교와 기독교는 영원히 함께 갈 수 없는 기찻길입니다. 서로 만나면 싸우는 이복형제라고 할까요.

잘 생각하셔야 합니다. 기독교는 개교회(각 교회)가 중요합니다. 장로교, 성결교, 감리교 등 교파가 중요하지만 더 중요한 것은 개교회로서 담임목사의 신학, 철학, 인격과 성품입니다. 아무리 교단에서 세습이 가능하다고 결의해도 각 교회 담임목사가 세습을 하지 않으면 됩니다. 세습하는 교회가 있지만 아직 극소수입니다. 세습이 비성경적이고 비윤리적인 것은 틀림없습니다. 다만 그런 것을 인지하지 못하는 못된 목사들이 있습니다. 세상에는 선인 가운데 악인이 존재합니다. 교회에도 양과 이리가 있고 알곡과 가라지가 있습니다. 목사도 악인일 수 있고 나쁜 죄를 짓고도 모른 척할 수 있다는 것입니다.

형제님이 실망하는 것은 이해하지만, 그렇다고 모든 개신교회가 세습을 하거나 타락했다고 하는 것은 지나치다고 봅니다. 아직도 많은 교회에 불쌍하고 소외된 사람들과 외롭고 힘든 사람들을 돕고 영혼을 살리려고 노력하는 사람들이 있다는 것을 기억하십시오. 소문도 없이 그런 일을 하기 때문에 우리가 잘 알지 못하지만, 오른손이 하는 것을 왼손이 모르게 하는 분이 개신교 안에 많다는 것만 말씀드립니다.

정치와 관련해 목사가 "나는 여당 편이다", "나는 야당 측이다" 하고 말하는 것은 옳지 못합니다. 목사나 신자도 원칙적으로는 하나님 당원이니까요. 그리스도인은 하나님 나라의 의(관계, 정의와 공의)와 평강과 희락을 추구하고 이루려 노력하는 정당을 지지할 뿐입니다. 이 세상에 완벽한 정당은 없으며, 목사는 어느 당을 공적으로 지지해서는 안 됩니다.

어느 쪽을 선택할지는 본인에게 달려 있습니다. 하지만 순간의 선택이 평생을 좌우할 수 있습니다. 현재 다니는 교회에 그런 문제가 있다면 다른 교회를 찾아보는 것이 좋겠습니다. 정치나 세습과 관련 없는 교회가 얼마든지 많으니까요.

43

친구가 저의 간증으로 상처를 받았어요

Q 자주 아프고 삶이 평탄치 않은 친구를 병문안하러 가서 전도하겠다고 이런저런 간증을 했습니다. 그러고 나서 집에 돌아오는데 친구의 좋지 않은 표정이 계속 떠올랐습니다. 이 일을 계기로 간증이라는 것이 결국 내 자랑이 될 수도 있다는 것을 알았고, 마음이 매우 불편합니다. 앞으로 어떻게 하면 좋을까요?

A 우리에겐 전도의 의무가 있으므로 때와 장소를 가리지 않고 전도하게 됩니다. 문제는 전도한다고 하면서 상대방의 말과 생각과 의견을 무시하고 내가 아는 성경 지식과 간증을 침을 튀겨가며 말할 때입니다. 내가 가진 것, 성공한 것 등 하나님의 은혜(?)와 개인의 간증이 지나치면 자칫 상대방에게 상처가 되고 독이 될 수 있습니다. 그런 간증이 때로는 나에게 필요할 수도 있고 신앙생활에 도움이 될 수도 있다는 것을 모르지 않지만, 그런 것들이 부족하거나 없는 친구에게는 아픔을 주고 좌절하게 만들 수 있으니까요.

간증할 때 조심해야 할 점이 있습니다. "인생지사 새옹지마人生之事 塞翁之馬"라는 말이 있습니다. 아침에 맑았다가 오후에 바람이 불고 비가 올 수 있다는 것이지요. 어제 새를 떨어뜨릴 만한 권력과 금력을 가졌던 사람이 오늘은 교도소의 차가운 콘크리트 바닥에 누워 잠자는 것을 자주 봅니다. 오늘 아침 의기양양하게 외제 차를 몰고 나갔던 사람이 저녁에는 싸늘한 시신이 되기도 합니다.

성경은 의인은 복을 받고, 악인은 저주를 받고 심판을 받는다는 보응報應 사상이 팽배합니다. 우리는 그런 것을 '신명기사관'이라고도 합니다. 그러나 동서고금을 막론하고 현실에서는 그런 보응 원칙이 딱 들어맞지 않는다는 것을 나이가 들어가면서 알게 됩니다. 어쩌면 세상에서는 의인이 가난하고 실패하는 데 반해 악인은 부자가 되고 성공하는 모순이 거듭된 지 오래되었으니까요. 우리는 이런 경우를 성경의 전도서나 욥기에서 자주 발견합니다.

그리스도인이 되면 성공하고 부자가 되고 건강을 누린다는 것은 거짓말일 가능성이 큽니다. 성경에서 말하는 부와 복은 물질적인 것이 아니기 때문입니다. 만약 그런 가시적이고 현실적인 복이 진정한 복이라면 예수님이 말씀하신 '산상수훈'의 의미도 없고, 사도 바울이나 베드로 같은 제자들의 삶은 무의미한 것이 될 테니까요.

저도 마찬가지입니다. 재작년에 수술을 받은 허리디스크가 아프고, 왼쪽 발목은 힘이 없고, 사타구니가 아파서 잘 걷지도 못합니다. 그럼 제가 예수를 믿고 저주를 받은 걸까요? 아닙니다. 저는 이미 넘칠 만큼 많은 복을 받은 사람입니다. 불신자들은 대부분 동의하지 않겠지만 말이지요.

그리스도인이 고백하는 간증은 비가시적인 것에 집중해야 합니다. 내가 예수를 믿어 모든 죄악을 용서받았고, 하나님의 자녀가 되어 영생을 소유하게 되었다는 사실입니다. 내 마음에 평화가 넘치고, 기쁨과 감사의 삶을 살며, 의롭게 생활한다는 것을 간증해야 합니다.

신자들의 간증은 대부분 하나님과 예수님을 믿은 뒤 복을 받아서 잘 먹고 잘살고 부자가 되었다는 데 집중하는 경향이 있습니다. 그러다 보니 가난한 신자, 배움이 부족한 신자, 몸이 아픈 신자가 교회에서 간증하는 경우는 거의 없습니다. 어떤 교회에서는 불치병이 완치된 사람, 실패를 겪고 부자가 되어 성공한 사람을 중심으로 예배 시간에 간증 순서를 넣기도 합니다. 또 수련회나 기도회에서도 내가 하나님께 받은 은혜의 경험을 고백하는 시간을 가지기도 합니다.

할 수 있다면 그 친구에게 연락해 "내 이야기만 해서 미안하다"고 말씀하십시오. "너는 참 좋은 친구이고, 나는 너를 사랑한다"고요. "너를 위해서 하나님께 간절히 기도한다"고요. 이미 엎지른 물이요 깨진 유리잔일 수도 있습니다. 하지만 너무 힘들어하지 마시고 그 친구를 위해 기도하십시오.

믿지 않는 친구나 친척이 아파서 병문안할 때나 가정에 어떤 문제가 생겼을 때도 공감과 위로는 반드시 필요합니다. 이때 내 자랑과 자식 자랑, 배우자 자랑은 하지 말아야 합니다. 내가 가진 부동산과

주식 자랑도 당연히 금물이고요. 상대의 말을 잘 경청하고 공감해주며 희망을 주는 것이 중요합니다. 그리고 마지막에 "예수님을 믿으면 참 좋더라"고 말하는 것입니다. 최소한 "예수님을 믿고 구원을 받아라", "예수님을 믿고 하나님을 믿으면 좋아질 거야" 하는 말이라도 해야 합니다.

나머지는 하나님이 하실 일입니다. 하나님이 택하신 백성이라면 성령 하나님이 언젠가는 그 완악한 불신자의 마음을 두드리고 만지시고 열어주실 것입니다. 우리가 할 일은 함께 울어주고, 아파하고, 그 자리에서 손잡고 울어주는 것입니다. 또 가능하다면 자주 연락하고, 병원비에 보태라고 약간의 돈이라도 쥐여주면 좋을 것입니다.

44

통성기도나 큰 소리로 하는 기도에 반감이 생겨요

Q 큰 소리로 하는 기도나 통성기도에 거부감이 듭니다. 하나님이 청각장애도 없을 텐데 작은 소리로 기도하거나 소리 없이 기도하면 안 되나요?

A 통성기도란 공동의 기도 제목을 두고 여러 명이 목소리를 합해 함께 하는 기도를 말합니다. 통성기도는 1907년 평양 대부흥회 때 시작된 것으로 알려져 있으며, 한국교회가 지니고 있는 독특한 기도 방법입니다. 저도 처음 신앙생활을 할 때는 자매님과 같은 의문을 가지고 있었습니다. 왜 조용히 기도하지 않고 소리를 질러 가면서 기도해야 하는지 이유를 이해할 수 없었습니다.

왜 큰 소리로 기도하느냐고 질문했을 때 "하나님은 큰 소리로 부르짖으며 기도하기를 좋아하시고 그래야 응답을 쉽게 얻는다"(출애굽기 2:23 / 사사기 2:18 / 사무엘상 7:9 / 예레미야 29:12, 33:3 등)는 대답을 들었던 기억이 납니다. 그때 '하나님은 작은 소리에는 반응하지 않는 하등 신인가?'라는 생각도 했습니다. 부처님은 '관세음보살觀世音菩薩'이라고 하여 세밀한 소리도 보고 자비를 베푼다고 하니까요. 졸지에 하나님이 부처님보다 못한 하급 신이 되었던 것입니다(웃음).

통성으로 기도하면 작은 소리로 기도하는 신자는 목소리가 큰 신자 때문에 어려움을 겪습니다. 다른 사람의 커다란 기도 소리가 내 작은 기도 소리를 잡아먹는 바람에 마음이 나누어져 기도하기 어렵습니다. 그러다 보니 서로 소리소리 지르며 경쟁적으로 기도하기도 합니다. 그렇다고 해서 나도 소리를 질러댈 수도 없고 또 기도도 유창하게 하지 못해 고민에 빠지기도 합니다. 간신히 참고 큰 소리로 열정적으로 오래 기도하면 목이 쉬어 말도 제대로 못할 경우도 있습니다.

특히 부흥회, 산기도, 기도원에서 그런 일이 자주 발생합니다. 그래서 통성기도에 흥미(?)를 잃거나 반감을 가지게 되는 경우가 있습니다. 게다가 언제부터인가 한국교회에서 '주여 삼창'이 유행해 통성기도를 시작하기 전 "주여, 주여, 주여" 하고 세 번 부른 뒤 기도를 시작합니다. 마치 자고 있는 하나님을 깨우려는 것 같습니다(웃음).

성경을 보면 큰 소리로 하는 기도, 작은 소리로 하는 기도, 묵상기도, 합심 기도, 개인 기도 등 다양한 기도 방법이 나옵니다. 성경에는 부르짖으며 큰 소리로 기도하는 장면이 240회 정도 나옵니다. 그만큼 조용히 마음으로 기도하거나 작은 소리로 기도하는 장면보다는 하나님께 간절한 마음을 가지고 큰 소리로 부르짖는 장면이 많다는 것입니다. 그렇기 때문에 교회에서는 크게 소리 내서 기도하는 것을 장려하는 것으로 봅니다. 통성기도나 큰 소리로 기도하는 것을 막을 수는 없습니다. 도리어 성경은 그런 기도 방법에 손을 들어주는 것 같으니까요.

결국 내가 적응하고 변화할 수밖에 없습니다. 새벽기도회나 금요철야기도회, 통성으로 기도할 때 큰 소리에 스트레스를 받으면 나만 손해입니다. 그럴 때를 대비해 문방구나 슈퍼마켓에서 소음방지 귀마개를 구입해두십시오. 저렴한 것은 2~3천원이고, 고가는 몇 만원 합니다. 통성기도를 하려고 할 때 귀마개를 착용하면 아주 좋습니다. 다른 사람들의 큰 목소리는 작게 들리고 나의 작은 기도 소리는 크게 들려 기도에 집중할 수 있습니다. 만약 귀마개가 없다면 귀를 막고 기도하거나 집게손가락을 귀에 넣으면 됩니다. 어느 정도 적응되었다 싶으면 귀에서 손을 떼면 됩니다. 대개 3~4분쯤 지나면 소리가 줄어드니까요.(웃음)

하나님은 큰 소리로 기도한다고 들어주시고 마음으로 기도한다고 들어주시지 않는 분이 아닙니다. 하나님은 우리가 기도할 때 기도하는 마음(안타깝고 어렵고 힘든 마음)과 기도의 타당성을 보십니다. 아무리 오랫동안 기도해도 잘못된 기도를 하면 응답하시지 않습니다. 욕심을 부리는 기도를 하면 기도 응답이 없습니다. 설사 기도 응답이 있다 해도 실제로는 해롭게 됩니다. 기도 응답에도 때와 시기가 있습니다. 아무리 기도해도 하나님의 때가 아니면 이루어지지 않습니다. 응답의 주체는 하나님이시지 기도하는 당사자가 아닙니다. 하나님이 들어주시지 않으면 그만입니다.

통성기도를 하거나 큰 소리로 기도하면 하나님이 빨리 응답하시고 작은 소리나 마음으로 기도하면 늦게 응답하신다는 생각은 잘못일 수도 있다는 것을 기억하십시오. 중요한 것은 기도 응답 여부에 관계없이 하나님과 대화하는 것입니다. 그래서 때와 장소를 가리지 않고 기도하는 것이 더 중요합니다. 우리가 어떤 방식으로 기도하느냐는 중요하지 않다는 것입니다. 기도하는 본인만 들을 수 있는 작은 소리로 기도하거나 마음으로 하는 묵상기도나 침묵기도도 고려해볼 수 있을 것입니다. 그러나 침묵기도나 묵상기도에 익숙한 경지에 도달하기는 그리 쉽지 않습니다.

45

하나님은 그리스도인이 부자가 되기를 원하시나요?

Q 하나님은 그리스도인이 부자가 되기를 원하시나요? 아니면 예수님이나 제자들처럼 가난하게 살기를 원하시나요?

A 한국인이 최고로 여기는 가치관의 중심에는 돈이 있습니다. 잘 먹고 잘 입고 잘 자려면 돈이 가장 중요한 역할을 한다고 생각합니다. 하나님과 예수님을 믿는 그리스도인마저 이런 범주에서 크게 벗어나지 못한다고 느낄 때가 많습니다. 자본주의사회이므로 돈이 필요한 것은 사실이지만, 성경적인 가치관으로 생각해 보기로 합니다.

예수를 믿는 부자富者와 빈자貧者 가운데 누가 더 영적인 삶을 살고 있을까요? 대형 아파트에 살며 멋진 외제 차를 타고 비싼 명품 옷을 입는 것을 죄악이라 말할 수 있나요? 어떤 신자들은 가난한 것은 죄악이며 하나님의 축복을 받지 못한 증거라고도 합니다. 하나님의 뜻은 하나님의 자녀가 가능한 한 많은 돈을 벌고 부자가 되는 것이라고 합니다. 한편 어떤 사람들은 진정으로 영적인 그리스도인은 자신을 부인하고 자발적으로 가난을 선택하고 필요한 만큼만 구한다고 합니다. 또 어떤 사람은 자발적인 가난은 어려우므로 자신이 소유한 것에 만족하며 살라고 합니다. 어느 주장이 옳을까요?

성경은 부자가 되는 것은 죄악이 아니라고 합니다. 부富는 어떤 사람이 노력해서 열심히 일한 것의 증거라고 합니다(잠언 10:4, 19:14). 노력하지 않고 게을러터진 사람은 가난하게 된다고 경고합니다(잠언 6:10~11). 이에 동의하지 않는 신자는 별로 없을 것입니다. 빈자가 되는 이유에는 사회적 구조의 문제나 모순 그리고 각 개인이 처한 환경과 여건도 있습니다.

성경은 또 베풀기를 좋아하는 사람은 부자가 되고, 지나치게 아끼는 사람은 가난하게 될 것이라고 합니다.

> 거저 주는 사람은 더 많이 얻게 되지만 지나치게 아끼는 사람은 가난에 이른다. 남에게 베풀기 좋아하는 사람은 번영하고 남에게 물을 주는 사람은 자신도 목이 마르지 않게 될 것이다.
>
> _ 잠언 11:24~25(우리말성경)

하나님이 의인이라고 인정하셨던 욥은 당대의 부자 중 한 명이었습니다(욥기 1:1~3). 족장인 아브라함도 금과 은과 가축이 많은 부자였습니다(창세기 13:2). 솔로몬 왕은 백성을 다스릴 지혜를 구했으나 하나님의 은혜로 엄청난 부를 소유했습니다(열왕기상 3:11 / 역대하 1:11~12). 이러한 예를 볼 때 하나님은 부자가 되기를 원하신다고 말할 수 있습니다. 특히 하나님을 경외하고 말씀에 순종하는 사람에게 땅에서 잘되고 재물과 복이 있다고 하니까요(시편 112:1~5).

여기서 잠깐! 우리는 하나님이 우리가 부자가 되길 원하시고 가난한 자를 원하지 않으신다고 결론을 내려서는 안 됩니다. 성경이 어렵다는 이유가 바로 여기에 있습니다. 성경에는 또 다른 가르침이 있을 수 있으니까요. 성경을 찾아보니, 역시 부자가 되려는 것은 위험하다고 경고하는 본문도 있습니다.

성경은 부자가 되려고 애쓰지 말라고 합니다(잠언 23:4). 부자는 배가 불러서 잠을 잘 자지 못한다고 합니다(전도서 5:12). 예수님도 부자는 천국에 들어가기 어렵다고 하셨습니다(마태복음 19:23~24). 특히 디모데전서에는 이런 경고가 나옵니다.

> 부하려 하는 자들은 시험과 올무와 여러 가지 어리석고 해로운 욕심에 떨어지나니 곧 사람으로 파멸과 멸망에 빠지게 하는 것이라 돈을 사랑함이 일만 악의 뿌리가 되나니 이것을 탐내는 자들은 미혹을 받아 믿음에서 떠나 많은 근심으로써 자기를 찔렀도다
>
> _ 디모데전서 6:9~10

실제로 가난한 것이 신앙에 이로운 경우가 더 많습니다. 부자보다

는 가난한 자가 더 겸손하고 하나님께 의지한다고 합니다(잠언 18:23, 19:1 / 야고보서 2:5~7). 예수님은 성전 연보 궤에 두 렙돈을 넣는 가난한 과부의 믿음을 칭찬하셨습니다(마가복음 12:41~44). 예수님도 지상에서 부자가 되기를 원치 않으셨고, 여우도 굴이 있지만 예수님은 머리 둘 곳조차 없다고 말씀하셨습니다(마태복음 8:20 / 고린도후서 8:9).

그렇다면 우리는 하나님이 우리가 부자가 되기를 원하신다고 결론 내릴 수 없습니다. 가난한 자가 되기를 원하신다고 말할 수도 있습니다. 도리어 하나님은 가난한 자를 더 아끼고 사랑하며 돌보셨습니다. 그렇기는 하나 우리는 돈에 대해 단순명료한 하나의 답을 구할 수는 없습니다.

다만 이렇게 결론을 내릴 수는 있습니다. 부자는 하나님이나 사람들보다 돈을 더 사랑하지 말아야 합니다. 하지만 대개 부자들은 더 부자가 되고 싶어 하고, 하나님이나 사람들보다 돈을 더 좋아하고 사랑합니다. 그렇기 때문에 천국에 들어갈 가능성이 낮습니다. 그렇다면 가난한 사람은 어떨까요? 가난한 자는 자신이 갖지 못한 것을 도둑질 하려는 욕망을 가지지 말아야 합니다(잠언 30:8~9). 어쩌면 가난한 사람이 부자보다 더 탐욕스러울 수도 있습니다.

결국 모두 마음의 문제입니다. 돈을 얼마나 많이 소유하느냐가 중요한 것이 아니라 돈을 어떻게 사용하느냐가 더 중요합니다. 돈은 하나님 나라의 확장을 위해 사용하고, 가난하고 어려운 이웃에게 사용해야 합니다. 또 돈은 얼마나 버느냐가 아니라 어떻게 버느냐가 중요합니다. 하나님은 결과가 아니라 과정을 중요하게 보시니까요.

> 창기가 번 돈과 개 같은 자의 소득은 어떤 서원하는 일로든지 네 하나님 여호와의 전에 가져오지 말라 이 둘은 다 네 하나님 여호와께 가증한 것임이니라
>
> _ 신명기 23:18

결론적으로, 그리스도인은 돈 버는 것을 최우선으로 삼지 않아야 합니다. 왜냐하면 돈은 일시적이기 때문입니다. 우리의 참된 부는 예수님 안에 있습니다. 하나님을 섬기고 봉사하고 이웃을 사랑하고 아끼는 것이 바로 참된 부입니다. 하늘로부터 오는 복과 상급이 있기 때문입니다. 영적인 보물은 영원히 존재하는 유일한 보물이며, 땅 위의 보물은 모두 좀먹고 녹슬어 못 쓰게 되고 도둑이 들어와 훔쳐 가기 때문입니다(마태복음 6:19~21). 그렇다고 해서 돈을 경멸하거나 무시하라는 뜻은 아닙니다. 하나님은 우리가 가진 것에 자족하고 하나님께 감사하며 사는 것을 원하시는 것으로 보입니다.

46

하나님을 사랑하느냐는 물음에 대답하기가 어려워요

Q 나를 위한 기도만 계속하면서 이기주의에 빠진 저 자신을 발견합니다. 계속 같은 죄에 빠지는 저를 하나님이 사랑해주신다고 믿지 않습니다. 하나님이 살아 계시느냐고 질문한다면 자신 있게 그렇다고 대답할 수 있지만, 하나님을 사랑하느냐고 물어본다면 그렇다고 대답할 수 없습니다. 어떻게 하면 하나님을 사랑하고 하나님께 사랑받을 수 있을까요?

A 집사님의 솔직하고 정직한 감정이 절절히 느껴집니다. 대개 그리스도인은 자신이 간구하는 것을 달라고 기도합니다. 돈이나 명예, 출세, 건강을 원하고 마음의 평안과 사람들과의 좋은 만남을 간구하고 기도합니다. 그렇게 기도하는 것도 나쁘지는 않지만, 기복에만 치중하거나 열중하지는 않아야 합니다. 그런데도 그리스도인 대부분이 영유아기 기복 신앙과 성공 신앙에 머물러 있는 경우가 많습니다. 어린아이 신앙에 머무르거나 만족하지 말고 장성한 그리스도

의 신앙까지 나아가려고 노력해야 합니다.

　집사님의 신앙도 아직 유아기 신앙으로 보이지만, 그래도 하나님은 집사님을 사랑하고 계신다는 것을 꼭 기억하십시오(스바냐 3:17). 그렇게 하려면 기도하려는 노력이 필요하고 실제로 기도해야 합니다. 기도는 습관이기 때문입니다. 성숙한 그리스도인은 하나님 나라가 이 땅에 이루어지는 것을 위해 기도합니다. 가난하고 소외되고 외로운 이웃을 위해 기도하고, 가정과 일터와 국가에 의와 평강과 희락이 있기를 기도합니다. 그런 기도를 하는 동시에 부족하나마 삶 속에서 이웃 사랑을 실천하며 살아갑니다. 내가 할 수 있는 작은 것을 하면서 나머지는 하나님께 위임하고 의지하는 것입니다.

　부모는 자식을 사랑합니다. 특히 한국인의 자식 사랑은 세계에서 둘째가라면 서러울 정도입니다. 흥미로운 것은 자식이 부모를 사랑하는 경우는 드물거나 어렵다는 점입니다. 과거에는 효자나 효녀가 많았고 효부도 있었지만, 요즘 시대에는 눈을 씻고 찾아봐도 발견하기가 쉽지 않습니다. 나이 든 부모를 모시는 것은 고사하고 전화 한 통 하지 않는 자식들이 적지 않습니다. 오죽하면 "내리사랑은 있고 치사랑은 없다"는 말로 위로받는 부모가 많습니다. 간혹 자식이 철이 들어 부모에게 효도하려고 하면 부모가 이 세상에 없는 경우가 많습니다.

　성경 속 역사는 어떨까요? 이스라엘 백성은 하나님을 사랑한 적이 거의 없습니다. 그들은 하나님을 배반하고 반역만 일삼았으며, 하나님의 마음을 아프게 했지요. 최초의 인류인 아담과 하와부터 시작해서 그 아들 가인, 노아의 홍수와 바벨탑 사건은 모두 인간의 비참한 배반의 역사입니다. 그 뒤 아브라함부터 시작해 2천 년간 예수님이 오시기까지의 역사도 하나님을 미워한 발자취가 대부분입니다.

간혹 하나님만 예배하고 섬긴 극소수의 사람도 있었습니다. 노아, 모세, 사무엘, 다니엘, 욥 같은 사람들입니다(예레미야 15:1 / 에스겔 14:14, 14:20). 그럼에도 하나님은 헤세드(언약적인 사랑)로 죄를 밥 먹듯 범한 이스라엘을 오랫동안 참아주시면서 자신의 신실하심을 보여주시고 언약을 지키셨습니다. 결국 독생자인 예수님을 십자가에 죽이기까지 하면서 하나님은 온 인류를 사랑하시고 구원하셨습니다.

집사님뿐만 아니라 저를 포함한 모든 인간은 실제로 하나님을 사랑할 수 없습니다. 하나님을 사랑한다고 하면서 돈을 더 사랑하고 명예와 자녀를 더 사랑하지요. 목사를 하나님보다 더 믿고 의지하는 한심한 신자들도 흔히 봅니다. 저를 포함한 우리는 기껏해야 하나님과 다른 것을 사랑하는 혼합 신앙으로 살아갑니다. 혼합 신앙이 아닌 신자를 발견하기는 하늘의 별 따기입니다.

하나님을 사랑하고 싶다면 이렇게 하십시오. 내 주변에 있는 이웃, 즉 가족과 일터, 사회, 지구 환경과 생태계 등을 사랑해야 합니다. 거기에는 자신감과 자존감을 가지는 자기 사랑self-love도 포함됩니다. 자신을 사랑할 줄 알아야 다른 대상을 사랑할 수 있는 힘과 용기가 생기니까요.

하나님을 사랑하려고 애쓰지는 마십시오. 예수님께 꼭 붙어 있는 것, 교회를 떠나지 않고 꼭 붙어 있는 것만으로도 하나님을 사랑하는 것이 됩니다. 예를 들어 자발적으로 하나님을 예배하고 봉사하며 기도하는 것도 하나님을 사랑하는 것입니다. 목사인 저도 하나님을 사랑한다고 말하지 못합니다. 하나님의 은혜에 감사하고 한없이 베풀어주시는 사랑에 감격할 뿐입니다. 저는 하나님 앞에 그저 불효자요 한 마리 양입니다.

하나님께 가까이 나가거나 사랑하려고 노력하지 마십시오. 올바른 그리스도인은 어떤 선행이나 노력이나 공로로 하나님을 기쁘게 하려 하지 않습니다. 그 대신 하나님의 자녀로서 가지는 권세와 자격과 기쁨을 누립니다. 한 예로 집사님의 어린 시절을 떠올려보십시오. 집사님이 학교에서 공부를 잘하고, 집에 와서 청소하고 빨래를 해야 부모님이 키워주고 사랑해주셨나요? 만약 그랬다면 잘못된 부모입니다. 내가 공부를 못하고 말썽만 일으켜도, 심지어 장애가 있어도 부모님은 나를 아끼고 사랑하기 마련입니다.

하나님도 마찬가지입니다. 하나님이 베풀어주시는 사랑을 이해하고 잘 받아들이는 것이 중요합니다. 하나님의 헤세드나 아가페, 예수님의 십자가 죽음이 바로 우리를 사랑하신다는 증거입니다. 하나밖에 없는 아들을 죽이면서까지 집사님을 사랑하시는 하나님의 그 큰 사랑을 받아들이면 됩니다.

하지만 여기에서 멈추면 곤란합니다. 대부분의 한국 교인은 여기에서 멈추고 하나님의 자녀다운 삶을 보여주지 못합니다. 이제 성화의 삶을 살아가야 합니다. 비록 매일 죄를 짓고 회개하고 용서받고 또 다시 반복하는 삶을 살아가지만, 조금씩 그리스도의 장성한 분량까지 성장해 나가는 것입니다. 이 과정은 죽을 때까지 반복됩니다.

이제부터는 나만 위해 기도하지 않고 내 부모와 형제, 일터와 친구를 놓고 기도하기를 바랍니다. 또 한국교회를 위해, 국내외 선교사를 위해, 국가와 민족을 위해, 북한과 세계의 평화와 안녕을 위해 기도하십시오. 코로나19의 종식과 미얀마 사태 해결, 이스라엘과 팔레스타인의 분쟁 해결을 위해 기도하십시오. 또 그런 선한 일을 하는 사람과 단체에 후원금이나 헌금도 보내기를 바랍니다. 그것도 하나님을 사랑하는 일이 될 수 있습니다.

47

항상 성령 충만하지 않아 고민이에요

Q 항상 성령 충만하지 않아서 걱정입니다. 성령이 충만하지 못해 죄를 자주 범하고 화도 자주 냅니다. 전도사님이 성령 충만을 받으러 기도원에 가자고 합니다.

A 성령 충만하지 않다고 고민하는 성도님들이 있습니다. 그런데 내가 성령이 충만하고 싶다고 충만해집니까? 내 마음대로 인격이신 성령님을 "성령 받으라", "성령 불 받아라", "성령 충만해라" 하고 명령할 수 있습니까? 말도 안 되는 소리요, 어림 반 푼어치도 없는 말을 하는 것입니다.

성령님은 성부 하나님이 주시면 받고 주시지 않으면 받지 못합니다. 목사 마음대로 성령을 줄 수도 없고 충만하게 할 수도 없습니다. 과거에는 "불 받아라", "성령 받으라"고 주장하는 목사와 기도원 원장이 아주 많았습니다. 지금도 없지는 않습니다. 하지만 속지 마십시오. 목사나 기도원장은 하나님이 아니므로 목사가 성령님을 줄 수도 성령 충만하게 할 수도 없습니다.

사도들이 성령을 주었다고 하면서 성경대로 한다는 사람도 있는 것을 압니다(사도행전 8:14~15). 성경대로 한다고 주장하는 사람, 성경의 일점일획도 고치거나 빼면 큰일이 난다고 하는 사람이 가장 무섭고 두렵습니다. 성경도 문자적으로 해석하기 때문에 당해낼 수가 없습니다. 그러므로 목사가 성령을 주는 것이 뭐가 잘못이냐고 당당하게 주장하기도 하는데, 그런 주장은 다음과 같은 이유로 받아들이기가 매우 어렵습니다.

첫째, 목사는 사도가 아닙니다.

목사는 사도가 아닙니다. 목사는 절대로 사도가 될 수 없습니다. 사도는 1세기 당시에만 일시적으로 존재했습니다. 만약 지금도 목사가 성령을 준다면 이미 1세기에 사라진 사도가 다시 등장하는 것이 되고, 성령은 인격체가 아니라 단순한 어떤 물질이나 물건이 되는 깃입니다. 지금도 신사도나 새 사도를 주장하는 사람을 모두 이단으로 보는 이유가 여기에 있습니다. 그런 사람의 근처에도 가지 마십시오. 내 신앙이 엉망진창이 되기 쉬우니까요.

둘째, 아나니아는 사도가 아닌데도 사울에게 안수해 성령이 충만하게 했습니다(사도행전 9:17).

사울은 다메섹으로 가는 길에 예수님을 만나서 눈이 멀고 먹지도 마시지 못하게 되었지만 하나님께서 아나니아를 사울에게 보냅니다.

아나니아는 사도가 아닌데도 사울에게 안수해 사울은 다시 보게 되고 성령 충만하게 합니다. 이런 사실은 하나님은 필요하다면 누군가를 통해서도 성령님이 역사하게 하실 수 있다는 것을 말해줍니다. 성령님은 목사나 기도원장이 아니라도 얼마든지 자신의 의지로 활동하는 자유로운 인격체라는 것을 기억해야 합니다.

셋째, 하나님의 말씀이 임할 때 성령이 말씀을 듣는 사람에게 내려왔습니다(사도행전 10:44).

베드로가 많은 사람 앞에서 설교할 때 성령님이 내려오셨습니다. 대개 성령님은 말씀과 함께하십니다. 올바른 말씀이 선포되고 전해질 때 성령님이 임재하십니다. 혼자 성경을 읽고 있을 때 성령님이 역사해 갑자기 입이 열려 방언을 하고 어떤 신기한 능력도 가지게 되는 것입니다. 개혁교회는 웨스트민스터 신앙고백에 따라 이런 현상을 부인하지만, 저는 어느 정도는 수용합니다.

성령 충만하다는 목사가 욕하고 간통하고 돈과 권력을 탐하는 것을 심심치 않게 목격합니다. 그런 목사는 성령이 충만한 것이 아닙니다. 성령이 충만하면 그런 죄악을 범하기가 어려울 것입니다. 그 마음에 악령이 충만하다고 말할 수밖에 없습니다. 성령이 충만한 사람이 족집게처럼 과거와 미래를 맞히는 것도 아닙니다. 하나님께 계시를 받고 환상을 보거나 예언을 하고 병을 고치는 것도 아닙니다. 그런 것은 스님도 하고 무당도 합니다. 특히 어떤 무당은 족집게처럼 과거 일을 알아맞힙니다. 사탄의 졸개인 귀신이 과거, 현재, 미래의 일을 목사보다 더 잘 압니다.

또 사람들이 모인 장소에서 질병을 고친다고 하는 것은 사기나 짜고 치는 고스톱일 가능성이 큽니다. 그것도 믿기 어려운 몸속의 병을 고쳤다고 주장합니다. 주로 편두통, 위장병, 목디스크, 허리디스크, 암 덩어리 등입니다. 아직도 그런 치유 집회를 하는 사람들이 있습니다. 병이 낫기를 간절히 바라는 그 마음은 압니다. 오죽하면 그런 곳을 가겠습니까? 돈도 없고 병이 낫지 않으니 그런 곳을 찾겠지요. 그러나 득보다는 실이 많으므로 저는 그런 집회 근처도 가지 않습니다.

성령은 충만할 수도 있고 그렇지 않을 수도 있습니다. 살아가면서 성령 충만, 일부 충만을 경험하고 때로는 성령이 고갈되어 목마른 사슴처럼 시냇물을 찾는 경우도 있습니다. 누구나 성령 충만은 경험할 수도 경험하지 않을 수도 있습니다. 평생 미지근한(?) 신앙생활을 할 수도 있는 것이며, 보통 모태 신앙인이 이에 해당합니다. 모태 신앙을 욕하거나 비판하는 것이 아닙니다. 도리어 모태 신앙인의 믿음은 확고하고 견고한 경우가 많습니다. 쉽게 흔들리지 않는다는 것이지요. 굳이 말하자면 화끈하고(?) 뜨거운(?) 성령의 체험이 없다는 것입니다. 좀 더 정확히 표현하자면 후회, 눈물, 방언, 신유 등의 뜨거운 회심 같은 영적 체험이 없다는 것입니다.

그런데 신앙이 뜨겁다고 좋은 것은 아닙니다. 너무 뜨거우면 화상을 입을 수 있으니까요(웃음). 주변을 둘러보면 신앙에 화상을 입어도 이를 모르는 신자들이 있습니다. 담임목사의 설교가 뜨겁지 않다고 합니다. 즉석 설교(원고 없이 하는 설교)를 하는 목사가 성령이 충만하다고 합니다. 박수를 치고 마음이 찡하고 코끝이 아려오고 눈물을 찔끔찔끔 흘려야 좋아합니다. 더 심하면 고래고래 소리를 지르며 기도하고, 교회에서 열심히 봉사하고, 헌금을 많이 하면 성령이 충만하다고 합니다. 그러고는 세상을 다 가진 듯한 착각에 빠지거나 성령 충만하다고 오해합니다. 그런 신자들은 삯꾼 목사나 기도원장의 밥이 되거나 이단의 먹이가 되기 쉽습니다.

성령 충만은 평생 반복되는 과정입니다. 마치 성화의 과정처럼 죽을 때까지 반복된다는 것입니다. 이와는 달리 성령 세례는 반드시 방언, 예언, 병을 고치는 은사를 받아야만 되는 것이 아닙니다. 성령님은 누구나 예수 그리스도를 구세주로 처음 믿고 고백할 때 몸으로 들어오십니다(고린도전서 3:16, 12:13). 성령 하나님이 내 몸속에 임재하시는 것입니다. 따라서 사탄이나 그의 졸개인 귀신은 내 몸 안에 존재할 수 없습니다.

아직도 자기 몸 안에 귀신이 있다고 고민하는 분들이 적지 않은데, 어떻게 한 몸 안에 성령님과 귀신이 존재할 수 있습니까? 믿지 마십시오. 내 몸에 귀신이 있다고 말하는 사람을 경계하고 피하십시오. 그렇게 말하는 사람이 도리어 사탄이나 귀신의 종이거나 심부름꾼일 가능성이 많으니까요. 나의 믿음이 커지거나 강해지면 성령님이 다가오고, 믿음이 작아지고 약해지면 성령님이 떠난다고 오해하지 않기를 바랍니다. 그것은 단지 우리가 느끼는 감정일 뿐입니다. 예수 그리스도를 부인하거나 이단으로 가지 않는 이상 성령님은 결단코 나를 떠나지 않습니다(요한복음 14:16~17).

그렇다면 어떻게 해야 성령이 충만하게 될까요? 하나님의 말씀을 읽고 묵상하며 기도하고 말씀에 의거해 살아갈 때 성령 충만이 이루어집니다. 우리는 하나님의 말씀에 따라 살려고 노력하지만 실패하는 경우가 자주 있습니다. 그럴 때 성령님은 근심하십니다. 하지만 지은 죄를 회개하고 성령 충만을 간구하면 성령 충만하게 됩니다. 우리는 기도를 한다고 하지만 고작 5분을 넘기지 못하는 경우가 대부분입니다. 그러니 성령 충만하고 싶어도 충만할 수 없습니다. 말씀을 정기적으로 꾸준히 공부하고 묵상하는 신자는 더욱더 드뭅니다. 성령은 대개 말씀과 함께하는데 말씀을 등한시하니 성령이 충만하게 임할 수 없습니다.

하지만 성령 충만하지 않아도 너무 걱정하고 염려하지 마십시오. 성령 충만은 우리의 목표일 뿐 구원의 조건도 결과도 아니니까요. 성령이 충만하지 않아도 구원을 받을 수 있으니까요. 항상 성령이 충만한 분은 예수님 한 분뿐이라고 해도 과언이 아닙니다. 그 외 모든 거듭난 신자는 성령이 충만하기도 하고 그렇지 않기도 하는 상태가 평생 반복됩니다. 그러니 성령 충만의 굴레, 집착, 지나친 간구에서 탈출하기를 바랍니다.

흔들린다는 표현이 적당하지는 않지만, 성령 충만도 흔들릴 수 있습니다. 흔들리는 성령 충만이 있을 수 있습니다. 흔들리는 믿음과 구원의 확신처럼 성령은 충만할 수도 충만하지 않을 수도 있으니까요.

48

휴거 때문에 불안해요

Q 휴거가 일어날 때 저는 휴거되지 않고 이 땅에 남겨질까 봐 매우 불안합니다. 데살로니가전서 4장 17절 중 "구름 속으로 끌어 올려진다"는 말씀과 마태복음 24장 41절에 "두 여자가 맷돌질을 하고 있으매 한 사람은 데려가고 한 사람은 버려둠을 당할 것이다"라는 구절이 있는데, 무슨 의미인가요?

A 성경에는 '휴거携擧, rapture'라는 말이 없습니다. 그런데 어떤 사람들은 데살로니가전서 4장 17절에 나오는 '구름 속으로 끌어 올려진다'는 것을 보고 휴거라고 합니다. 휴거의 한자는 '이끌 유携'와 '들 거擧'가 합쳐진 말로 '들림', '들어 올림', '이끌어 올림'이라는 뜻입니다. 영어 'rapture'는 하늘로 올라가므로 '황홀'이라는 뜻이 있는 게 아닐까 생각해봅니다.

예수님의 재림과 관련한 휴거에 대해서는 3가지 견해가 있습니다. 첫째, 7년 대환란(7년간 겪을 매우 끔찍한 재난) 전 휴거설은 대환란을 겪기 전에 신실한 성도들은 휴거한다는 견해입니다(세대적 전천년주의). 둘째, 환란 후 휴거설은 대환란을 겪은 뒤 성도들은 휴거한다는 견해입니다(역사적 전천년주의). 셋째, 무휴거설은 휴거는 없으며, 있다고 해도 7년 대환란을 당한 뒤에 성도들은 휴거한다는 견해입니다(무천년주의).

저처럼 무천년주의를 믿는 사람들은 휴거가 의미 없다고 보거나 휴거의 존재 여부에 대해 가치를 두지 않습니다. 휴거 문제는 신학적 난제에 속하며, 성경에 명백히 나타나 있지 않은 것을 지나치게 상상하거나 유추해서 해석하는 것은 신앙에 매우 해롭습니다.

앞에서 말한 3가지 견해 가운데 문제가 되는 것은 대환란 전 휴거설입니다. 이런 주장을 하는 쪽은 주로 이단·사이비들이고, 오순절 계통의 교회에서 간혹 주장하는 것으로 압니다. 이들은 예수님이 재림하시기 전 대환란을 경험하지 않고 공중으로 들려 올라간다고 믿습니다. 안식교, 모르몬교, 1992년 이장림 목사의 다미선교회 등이 환란 전 휴거를 주장했으나 모두 거짓으로 판명이 났습니다. 그러므로 신실한 성도들이 휴거되어 하늘로 올라가 사라지고 남은 사람들은 끔찍한 7년 대환란을 겪는다는 생각에서는 탈출하는 것이 좋습니다. 예수님의 재림과 관련해 중요한 점은 이것입니다.

(1) 때와 장소는 모른다는 것

(2) 예수님이 꼭 재림하신다는 것

(3) 신자에겐 기쁨의 날이 되고 불신자에게는 영원한 심판의 날이 된다는 것

마태복음 24장 41절은 휴거와는 무관한 구절입니다. 농부가 가을에 추수할 때 알곡과 가라지가 구분되듯이 예수님의 재림 때 참신자와 가짜 신자(이단·사이비 포함)가 최종적으로 구분(분리)된다고 보는 것이 옳습니다. 이것을 휴거라고 보는 사람도 있지만 잘못입니다. 도리어 이 구절은 예수님이 언제 재림하실지 모르므로 신앙적으로 준비하는 자세가 필요하다는 것을 강조하고 있습니다.

이 구절에서 잊지 않아야 할 것은 두 여자가 같은 밭에서 같은 시간에 같은 일을 하고 있다는 사실입니다. 다만 그 둘의 신앙 상태는 달라서 한 사람은 구원받고 다른 한 사람은 구원받지 못했다는 것입니다. 이 구절을 보면 휴거가 되려면 교회, 지역, 국가 등 어떤 특정한 장소로 모여야 한다거나 집단생활을 주장하는 것은 잘못이라는 것을 알 수 있습니다. 대환란을 피해야 한다며 한국의 어떤 지역이나 아르헨티나, 남아프리카공화국, 피지 등으로 피신한 신자들을 두고 하는 말입니다.

종말에 대한 지나친 관심과 호기심은 신앙생활에 바람직하지 않다는 것을 명심하십시오.

성경은 종말에 대해 풍성하게 말하지 않는데, 이단·사이비들이 이를 자의로 해석해 성경에 무지한 신자들을 홀리고 있습니다. 그들이

노리는 것은 성도들의 돈과 재물과 노동력입니다.

우리는 주님이 언제 재림하실지 그 시기와 장소를 모릅니다. 이것을 안다고 하는 사람은 모두 이단이라고 보면 정확합니다. 휴거도 마찬가지입니다. 신앙생활을 올바르게 꾸준히 하는 분들은 휴거에 관심이 없습니다. 만에 하나 휴거가 있다 해도 휴거는 우주 속으로 사라지는 것이 아니라 주님과 함께 지상으로 내려오게 됩니다. 휴거라고 해서 이 세상에서 도피한다고 가르치면 비성경적입니다. 휴거가 이 세상에서 사라지는 것이라고 가르친다면 잘못이라고 판단하면 됩니다.

인류의 종말은 있습니다. 반드시 종말이 이루어질 것입니다. 그러나 그날이 언제이고 어느 곳으로 주님이 오실지는 아무도 모릅니다. 거듭난 성도(성화의 과정을 밟는 신자)들은 모두 구원을 받습니다. 재림이 있다는 것을 알지만 걱정하지 않고 기쁨으로 받아들입니다.

휴거를 들먹이며 환란을 피해야 한다고 말하는 사람들을 멀리하십시오. 환란을 통과해야 한다는 것은 수용할 수 있습니다. 그러나 불안할 하등의 이유가 없습니다. 매일매일 기쁨과 감사로 살려고 노력하며 예수님을 굳게 믿으십시오. 그 나머지는 예수님이 하십니다. 그분이 이루십니다.